大展好書 好書大展

率領「美國佛教宏法中心」居士們拜訪洛杉磯的西來寺

1994年４月作者在台北宏法

心靈雅集
51

諸經之王

妙法蓮華經

劉欣如／編著

大展出版社有限公司
DAH-JAAN PUBLISHING CO., LTD.

目錄

序章　『妙法蓮華經』概論

『妙法蓮華經』這部經到底是怎樣的經典呢？關於這個問題，我想先談談『法華經』在佛教的地位，以及釋尊與『法華經』的關係。

試問『法華經』果然是釋尊所說的嗎？如果問起古代人，那麼，他們認為當然啦，這還用問嗎？『法華經』正是釋尊在印度靈鷲山上直接說出來的，然而，最近的佛教研究報告裡，有一項定論說，『法華經』是釋尊去世以後，大約經過四百年左右才出現的經。

『法華經』上有一句話：「後五百歲」。所謂後五百歲，意指釋尊的教理，會在世上流行一千年，屬於正法，而一千年可以分成前後，那就是後面五百年了。

世間的一切都是諸行無常，連釋尊的教理也無法一直傳佈下去。釋尊自己曾說，我的正法大概可以傳到一千年左右。實際上，在古老經典上提到正法為五百年。

總之，後五百歲是在正法滅後五百年的開端，因為正法滅亡的危機意識很高昂，使佛弟子們決心向世間弘揚教法。諸如這些話在『法華經』裡屢見不鮮。

我想，諸位一定聽過「正、像、末三時」的話。

「正」法是指釋尊的教義在世間盛行的時代，有人說正法一千年，也有人說五百年。「像」法指形式的教義，這是指教法只有形式，而失去精神的時代。正法結束後，像法也有一千年，接著，「末」法也有一千年。

所謂正法後面五百年，當然是像法時代了。在那個時代很流行這種想法。因此，像法一詞才會出現在『法華經』上。也許撰寫『法華經』的人也承認這一點才對。所以，『法華經』是釋尊去世大約五百年後才出現的經典。若用西曆來說，相當於第二世紀，即一五〇年左右才有『法華經』。

倘若『法華經』是這樣來的，那麼，『法華經』就不是釋尊傳下來的教理了嗎?當然，我們不能這樣說。我們距離佛陀二千五百年以後，縱使相隔很遠，我們照樣相信那是佛陀的教法，也照樣能夠信受它。所以，即使在佛滅後五百年的時代，信徒放眼也能見到釋尊的教理，必能感受出這正是釋尊的教理無疑，因為其間會有釋尊的偉大人格。

接著，再看『法華經』到底是怎樣完成的?直接了當地說，『法華經』描述佛菩薩在禪定中相會的情景。禪定是聚精會神，因此，菩薩進入瞑想，一直念起釋尊的教法，這樣一來，釋迦牟尼佛就現身在瞑想世界裡了。這叫做「觀佛三昧」。

三昧是 samādhi 這個字的意譯。總之，自己在瞑想中遇到佛了。誠如一個人日夜思念父母，自然會在夢中見到父母一樣，倘若修持佛教的瞑想，也自然會在瞑想世界遇見釋尊，接受教誨，世人都可能得到這種體驗。

那麼，菩薩呢？菩薩是修行佛教的人，因為他相信誰都能成佛，才刻意去修行。這些修行人稱為菩薩，他在禪定中遇到佛陀。於是，他就聆聽佛陀的教誨了。

這就是『法華經』的形成過程。

『法華經』說佛是「無量義教菩薩法佛所護念」，而進入「無量義處三昧」裡。所謂「無量義教菩薩法佛所護念」，是指無量義這個名稱的教義，因為它是敍述菩薩修行的教法，故稱為菩薩法。而釋尊在闡述這套教法，之後，才能進入無量義處三昧裡。

如果從釋尊方面說，一旦他進入無量義處三昧，接著出來開示『法華經』，若從聽聞者方面說，意指菩薩進入三昧，就在瞑想世界聆聽釋尊的教誨了。其間所謂禪定，並沒有說明是怎麼回事？我們的確不易明白，那是以『法華經』為首的大乘經典，都進入很高深的瞑想世界所說的經典。

瞑想是佛教修行方式之一，只要修行方法跟釋尊一樣，自然能領悟跟釋尊同樣的真理，而瞑想能夠得到這些體驗。其間有一種含義，倘若『法華經』是釋尊滅後五百年才出現的東西，那麼，它一定含有釋尊的思想在內。

以上稍微談到『法華經』與佛說，以及釋尊的教法與『法華經』的關係，所以，我認為只要肯將『法華經』當做主要經典來修行，那麼，也當然能夠進入悟境了。

『梁塵秘抄』這部歌集裡，收集一首歌，大意是處處有佛在，憑我們智慧的眼睛也看不見，但又多麼令人懷念。如果早晨上佛堂，聚精會神默念佛陀，就會在瞑想世界裡隱約的見到佛陀了。

依我看，這是一首代表性的歌，頗能表現『梁塵秘抄』的特性。我們常想怎樣研究佛陀或佛教？當然有很多方法，其中一項，即是這首歌詞所表示的方法了。總之，我們要怎樣感受佛陀的存在呢？這就是我們探討的動機。

『梁塵秘抄』這部歌集（十卷）是平安時代末期，由後白河法皇編輯的，其中有不少歌詞跟佛教非常有關係。尤其，關於『法華經』的歌詞多達一一五首。我想趁現在解釋教理之便，稍微介紹一下。

試問我們怎能接觸到『法華經』與佛說，以及『法華經』呢？這就得談到我們心裡的一般特性，也叫做佛性的問題了。

天下蒼生都與生俱有這種特性（一切衆生悉有佛性）。這句話意指任何人都可能成佛。問題是，我們卻不知道自己有這種成佛的特質。

『法華經』有一篇「五百弟子受記品」（第八）的譬喻，內容是一個人出國謀生，他的親友怕他在異鄉潦倒，就偷偷地將一顆寶石嵌入他的衣服裡，可是，他不知道，結果在國外顛沛流離，非常困苦，後來，才好不容易返回故居。

由此可見，我們平時都沒有發覺自己身上有佛性。當然，我們有必要注意這個佛性，而它也叫做自性清淨心。我們也不妨改叫「良心」。因為在我們內心裡，有一顆置身污穢而不染的心——例如我們有時做壞事，自己卻最明白那是一樁壞事，就會自覺罪惡深重，而這顆心即是不受罪惡污染的心。如果整個心都被污穢，那麼，連自己是個壞人都不自覺。因此，發覺自己有錯，或自覺不好的心，倒是很善良的。

『法華經』認為這顆心隱藏在我們的內心底下。那麼，我們要挖掘到那裡才能使自性清淨心或佛性覺醒呢？依我看，這就是所謂佛道了。

釋尊也是修行到佛性醒悟才能成佛。因為我們的特質或性質跟釋尊一樣，只要依據『法華經』修行的話，也自然能夠接近佛陀了。雖然，『法華經』這部經典是佛滅後五百年，由一群菩薩寫出來的，但其中也含有上述的思想。意指我們能夠依靠本身的佛性，或自性清淨心接近佛陀，而不是不能成佛的意思。

據說釋尊證道之後，弘揚正法長達四十五年，許多經典也都這樣記載。那麼，我們要怎樣理解這麼多經典才好呢？在這方面，曾有天台大師智顗（五三八—五九七）做過教相判釋，藉此整理所有經典。這就是著名的五時教判了。「五時」是指「華嚴時、阿含時、方等時、般若時和法華涅槃時」。

首先，釋尊花了三星期才把自己證悟的內容坦述出來，這是『華嚴經』的內容。它的內容很深，似乎只有文殊和普賢菩薩才能理解，連舍利弗、目犍連等阿羅漢都無法了解。於是，釋尊只好降低程度，說些淺顯的教理了。這就是『阿含經』。

『阿含經』的原字是āgama，意指傳承聖典。坦白說，這部『阿含經』才是最忠實敍述釋尊的教法。原先，釋尊根本不曾說得那樣艱深難懂。他說的內容都是我們能夠理解的。『阿含經』就將這些內容歸納起來。因為在天台大師的時期不懂這個緣故，才認為釋尊降低程度說出『阿含經』。之後，由於弟子們對佛教的理解程度提高，才開始講方等經典（『維摩經』），接著又講各種『般若經』。

後來，一群聲聞也對佛道有了充份了解，釋尊才漸說明出世的本懷。換句話說，在最後八年，釋尊才明說自己出世的目的，天台大師正是抱持以上的觀點。結果，才有『法華經』與『涅槃經』了。

智顗就這樣將所有的佛經分成五組，依據年代整理出來。當然，如果依現在的眼光看來，五時教判是問題叢生，但若要理解佛的概況，那倒是一種方便，也還算很恰當，所以，這項教判常常被人拿出來討論。天台大師特別重視『法華經』，天台宗就是完全依憑它而成立的，故在出世本懷第五時，就開講『法華經』了。客觀上看，『法華經』裡也談到非常深妙的教理，如果有人問那一部經才是佛教最卓越的經典呢？我想，應該是『法華經』才對。所以，自古以來，大家公認「法華經為諸經之王」。

公元一五〇年左右出現的『法華經』，在中國前後被人翻譯過六次了。其中有以下三次的譯本，到目前還保存著。

⑴正法華經　十卷　竺法護　公元二八六年譯

⑵妙法蓮華經　七卷（八卷）　鳩摩羅什　四〇六年譯

⑶添品妙法蓮華經　七卷　闍那崫多共笈多　六〇一年譯

其中，最先的譯本是竺法護的『正法華經』，似乎花了極多心血，但文章艱深難懂。每個字雖看得懂，但卻抓不住整篇文章的意思。因此，『正法華經』有諸多地方不似中文體裁，它只有舊譯的歷史價值，故自古以來，一直很少人讀它。

至於鳩摩羅什的譯本，文詞優美，含義生動又容易看懂。再者，文章的韻律美妙，真是好譯本。我們一向所謂『法華經』者，幾乎都指鳩摩羅什這部『妙法蓮華經』譯本。因此，本書也要用它來做原本，仔細探究一番。

鳩摩把竺法護所譯的「正法」，改譯成「妙法」，但是，這個法也會有教理的意思，而人的本質（佛性）也可用「法」來表示，或將「不變的東西」叫做法。另外，又因這個法譬喻為蓮華，故稱為『妙法蓮華經』。

這裡所用的蓮華，就是在印度最受人尊敬的白蓮華。因為蓮華能夠出於污泥而不被污染，才特地將妙法譬喻為蓮華。再者，像『法華經』這樣妙的內容，也不是短時間能夠寫成的。鳩摩羅什的譯本缺少一部份，例如少了「提婆達多品」，為了補足內容，才有第⑶種譯本『添品妙法蓮華經』出現。

實際上，我們平時讀的『法華經』是添品，因為大部份屬於鳩摩的手筆，所以一般人都稱為鳩摩羅什譯的『妙法蓮華經』。

所謂菩薩，就是菩提薩埵（bodhisattva）的簡稱。薩埵是指有情衆生，而菩提指覺悟，故譯作覺有情。這是要求覺悟的衆生。他們不僅指人類而已，『本生經』裡提到釋尊曾經在過去世，出生為形形色色的衆生在修行佛道。

譬如有一次，釋尊出生為小鳥，棲息在深山裡。有一天，山裡起火了。棲住在山裡的生物都被燒死了，小鳥迅速飛到水池，用自身的翅膀沾水，再飛回來振落水滴，企圖熄掉火勢。天上的帝釋天眼見牠反覆這樣做都徒勞無功，不禁非常感動，就幫牠把火勢熄滅了。這段故事出在『大智度論』，這項菩薩行的實踐，為了要成佛，而我們應該怎樣才能讓佛性自覺呢？依我看，這段故事在提示這個問題而已。

直截了當地說，任何人只要立誓要修行佛道，從那天起即算菩薩了。原因是，誰都具備佛性的緣故。換句話說，人的自性清淨心，或自己內心的佛性，即是純潔的清淨心覺醒了，就等於發現身上這顆心，不論何時何地都要清淨無疵，凡從事這種修行的人，就是菩薩了。

『法華經』是教導菩薩一佛乘的教理，因為要對那些菩薩講解一佛乘的理法。所謂一佛乘，是由於一切衆生都有佛性，才認為在教誡時，只要用同一種教說就行啦。

實際上，眼前的教育方法認為因材施教才對，意指用較深的教材教導才智較高者，而對愚蠢者要降低程度，教授較淺的內容才好（法相宗列入此類），但是，『法華經』的教法屬於理想主義。

它認為世人能力縱然有高低不同，但人的本性完全一樣，因為佛教要使人的本性（佛性）覺醒，所以，不妨用一種教說即可，這叫做一佛乘，堪稱非常理想主義的觀點，它跟法相宗等不相同。

在此，我不妨先談『法華經』的題目。在佛經講述裡，先有「題號解說」，存在探究經題的意義。我已在上面談過『妙法蓮華經』的大意了，今若從原字解釋，那麼，妙法譯作正法比較接近字義，也惟有這樣才能譬喻為白色蓮華。

所謂「法」者，也有教理和教義的意思，若將它譬喻為白蓮華，顯然有些不妥。關於這一點，我倒認為本田義英（「法華經論」）的說法比較妥當，因為他是研究『法華經』多年的專家。他說：「菩薩的修行心叫做法」。根據第十五「從地湧出品」的一偈：「善學菩薩道，不染世間法，如蓮華在水」，可見這裡有蓮華一詞。

的確，『法華經』只有這章出現蓮華的名詞。蓮華是從泥沼下萌芽，卻不會被汚泥感染，又能開出美麗的花朵。同樣地，從菩薩被污染的心中，出現所謂菩提心，若能靠修行成長，就會成佛了。

以世間法來說，不受世間各種誘惑的感染，一心修行佛道，就是菩薩了。菩薩雖然活在世間，但卻沒有失去自己的菩提心，這種心情叫做「如蓮華在水」，那麽，『妙法蓮華經』的法，即是指這個菩薩的菩提心與修行心，以上是本田義英的論點，那麽，妙法的「法」怎樣解答呢?

在這方面，雖然天台大師的『法華玄義』裡不乏多種解釋，但依我看，本田氏上面的解釋也蠻恰當。中、日兩國有不少學僧們也在解釋『法華經』，我們不妨一面參考他們的註解，一面品嘗『妙法蓮華經』的內容。

第一章　『妙法蓮華經』的緣由（序品第一）

妙法蓮華經序品第一

如是我聞。一時佛住王舍城耆闍崛山中。與大比丘衆萬二千人俱。皆是阿羅漢。諸漏已盡無復煩惱。逮得己利盡諸有結。心得自在。其名曰阿若憍陳如。摩訶迦葉。優樓頻螺迦葉。迦耶迦葉。那提迦葉。舍利弗。大目犍連。摩訶迦旃延。阿㝹樓馱。劫賓那。憍梵波提。離婆多。畢陵伽婆蹉。薄拘羅摩訶拘絺羅難陀。孫陀羅難陀。富樓那彌多羅尼子。須菩提。阿難。羅睺羅。如是衆所知識大阿羅漢等。復有學無學二千人。摩訶波闍波提比丘尼。與眷屬六千人俱。羅睺羅母耶輸陀羅比丘尼。亦與眷屬俱。菩薩摩訶薩八萬人。皆於阿耨多羅三藐三菩提不退轉。皆得陀羅尼樂說辯才。轉不退轉法輪。供養無量百千諸佛。於諸佛所殖衆德本。常為諸佛之所稱歎以慈修身善入佛慧通達大智到於彼岸。名稱普聞無量世界。能度無數百千衆生。其名曰文殊師利菩薩。觀世音菩薩。得大勢菩薩。常精進菩薩。不休息菩薩。寶掌菩薩。藥王菩薩。勇施菩薩。寶月菩薩。月光菩薩。滿月菩薩。大力菩薩。無量力菩薩。越三界菩薩。跋陀婆

羅菩薩。彌勒菩薩。寶積菩薩。導師菩薩。如是等菩薩摩訶薩八萬人俱。

（中略）

各禮佛足退坐一面

若要了解佛教經典，通常分成大略，序說（序分）、正說（正宗分）、流通說（流通分）三段。這是中國道安法師（四世紀）的研究方法。之後，大家都依此研讀經典了。若將現在的『妙法蓮華經』分成三段，則有下列的狀況。

序　說……〈序品〉第一

正　說……〈方便品〉第二～〈分別功德品〉第十七前半

流通說……〈分別功德品〉第十七後半～到結尾

「序說」相當於第一章的〈序品〉，意指釋尊開始說『法華經』的「緣由或因緣」。「正說」指經典要旨的敍述部份，「流通說」是經典要旨留傳後世的部份，即所謂囑托部份。其中的序說，日本聖德太子將它分為通序與別序兩種。任何佛經的開頭都用「如是我聞」，同樣地，聖德太子將它當做通序，即共同的序文。接著，才把『法華經』所僅有的序文當做別序，即特殊序文也。

佛經從「如是我聞」開始，但聖德太子卻將這句通序分成⑴如是⑵我聞⑶一時⑷住處⑸

同聞衆等五項來詮釋了。

(1)「如是」指如文章的道理。如是文章，就是指『法華經』的文章很典雅，經文優美的地方為「如」，指的是道理。意指文章雖然優美典雅，倘若其中沒有大道理，結果亦無用處。

至於(2)我聞的意思是：「我聽到佛說，不是自作的」。表示以下的教理是我（阿難尊者）追隨釋尊四十多年，直接聽到的佛說，而不是我胡扯出來的。聖德太子的註釋說，在佛滅舉行佛教結集時，記憶力極佳的阿難所誦出的經文，誠如佛陀的金言玉語——而「我聞」裡含有這項意思。

其次為(3)一時，意指某次或那時。

(4)「住處」在經文裡說，相當於「佛住王舍城耆闍崛山中」。

佛說法時，地點在何處呢？在佛教裡，這是一件大事。「一時佛住王舍城耆闍崛山中」，是指那時釋尊住在王舍城的靈鷲山（『法華經』說）。這一段率先說出時間與地點了。若以歷史事件來看，時間與場所都很重要，但在佛教裡，時間方面不太重視「某次」或「那時」。這是因為佛陀所說即是「真理」，無須置疑。談到過去七佛，是指過去世也有幾位佛出現世間，所說的教理也跟釋尊一樣。再者，將來也有彌勒菩薩會成道，所說的教理也跟釋尊一樣。因為佛教的理念是三世一貫的真理，理應對它相信不疑，所以，不論釋尊年輕時代說的，或年老時所說，都不是很重要的問題。

另一方面，由於說法場所每次不一樣，才得將時間說淸楚。釋尊講『法華經』的地點在王舍城。那裡是摩訶陀國頻婆娑羅王，和他的兒子阿闍世王建造的城市，該市附近有靈鷲山，釋尊在那裡講『法華經』。

(5)項的同聞衆是指「大比丘衆，一萬二千人俱」以下的文章。雖然，這段教法是阿難尊者聽到的，但也不止他一人聽到而已。凡跟阿難一齊聽聞的人，都記在這裡了。這段可以證明阿難尊者誦出的教法的確沒錯。然而，佛教裡，卻非常重視這個「聞」字。原因是，二千五百年前的印度，還沒有紙張出現。雖然已有文字，但都寫在棕櫚樹葉上面，而佛經先要靠聽聞和記憶。在這方面，釋尊的入室弟子，就稱為聲聞了。這樣固定以後，習慣上特別重視「聞」的原因。

比丘是 bhiKsu 字的音譯，意指行乞者。至於女性修行人，就稱為比丘尼（bhiKsuni）。他們都是正式修行佛道的人。各自過著團體生活。此外，他們當然要靠一定戒律，才能維持教團的秩序。

比丘是一無所有，自己不幹活，只靠行乞渡日子。這種人所以能夠活得下去，得有食物來源，大概基於兩項社會因素。一項是紀元前五百年左右，印度恆河中游的穀物豐收，百姓安居樂業；另一項是，那裡的熱帶氣候，容易起各種傳染病，早晨做好的食物，留到晚餐會有危險，故得將吃剩的餘餚丟掉。

這是一種生活智慧。倘若仔細研讀古老的『阿含經』，會發覺當時的印度人，似乎有這種飲食習慣。所以，比丘們會斟酌百姓們吃完飯的時間上街去，才會無條件得到他們要丟棄的食餚。釋尊也允許比丘出去行乞，但只限於食物而已。

當時，所有宗教修行人全都靠行乞食物，來維持修行生活。由此可見，比丘就是向在家人乞討食物，自己專心修行，或因為專心修行，才要去乞食維持生計。

這裡出現的比丘們，統統是阿羅漢。所謂阿羅漢，即是完成修行的人，當釋尊講述『法華經』時，已有一萬二千人修行完畢，他們都聚集一起聽聞釋尊的教法。經文上只記載一群代表人的名字。

然而，釋尊座下不是統統為男弟子，也有幾名女弟子。雖然不在這部經上列名，殊不知像蓮華色比丘尼，和法授比丘尼等，都是非常傑出的女性修行人，據說比丘也常聽她們的教誨。

經文裡有一名比丘尼叫做摩訶波闍波提，被尊為比丘尼的俊秀，而她也是釋尊的親姨媽，即摩耶夫人的妹妹。大家都知道釋尊的生母——摩耶夫人，生產後一星期不幸去世，之後，幸蒙這位摩訶波闍波提代替摩耶夫人，養育年幼的釋尊。難得摩訶波闍波提明白釋尊領悟了真理，三番兩次央求自己要皈依佛陀。無奈，修行人的團體生活必須禁慾，如果男女一起會亂了戒律，釋尊擔心結果會失去教法，所以遲遲不肯答應。

但是，傳說又有五百名釋迦族女性，也央求一塊兒出家，好不容易才蒙得釋尊的准許。於是，佛教序列有比丘和比丘尼，以及出家女性的教團。接著有一般在家信衆（優婆塞……居士、優婆夷……信女），他們合稱為四衆。

——菩薩、摩訶薩，有八萬人。

菩薩是大乘的修行人，尤其是想成佛的修行人，大體上指在家衆而言。這群菩薩已在阿耨多羅三藐三菩提方面可以到不退轉的程度。阿耨多羅三藐三菩提是指無上正覺，也是佛的覺悟。因為舍利弗和目犍連等人只證到阿羅漢果，還沒有證到佛的果位。菩薩不是這種阿羅漢的果位，而是懷有堅強意志，想要認真修行到跟佛一樣的境界。

『大智度論』提到已經證得阿羅漢果的舍利弗，曾經是位菩薩。直截了當地說，菩薩修持是實踐六波羅蜜（布施、持戒、忍辱、精進、禪定、智慧），倘若不能成就六波羅蜜的修行，就不能成佛。

那時，舍利弗在修持布施波羅蜜，不料，有一天遇到貪婪的婆羅門，硬要舍利弗布施眼睛。本來，布施行是要無條件施予對方任何東西，只要他有所乞求，都不能拒絕，所以，舍利弗若拒絕布施自己的眼睛，就不能成就布施行。

這時，舍利弗毅然挖出自己一隻眼珠遞給婆羅門了。不料，對方嫌棄這個眼珠有腥臭，就丟在地上用腳踩碎了。據說獨眼的舍利弗一看，忍不住心頭火起，這樣一來，他終於表示自己無法修持下去，才放棄菩薩行，而轉向聲聞，也就是要修阿羅漢。

這段話出自『大智度論』。可見菩薩行相當不容易，縱使菩薩行再困難，也毫不動搖自己的決心，就是指不退轉，這些人多達八萬，也都聚集一起聽聞佛法。

菩薩是不在乎各種誘惑，只知一心一意證悟佛果。這些誘惑雖然好像在外界，但若仔細一想，卻都在我們自己心裡面。

例如，某人在禁煙，當他的朋友遞一支煙過來勸說，抽一根不要緊，他心裡也有反應：「拒絕不好意思，這根抽完就不再抽了。」

總之，縱使外界有誘惑，內心會湧起某種呼應的念頭，企圖打破自己當初的誓言。表面上，誘惑好像從外面來，其實，心裡也有力量在誘惑自己。如果用經典上的話說，煩惱叫做漏，這類心中的誘惑也叫魔。魔是 māra 的音譯。據悉釋尊以前將自己心中的惡魔，逐一消滅才能成佛作祖，而這群菩薩們對於這些誘惑，也毫不畏縮，功力亦已到達佛陀的程度；足以救渡芸芸眾生了。

同聞眾除了釋提桓因和八大龍王外，尚有緊那羅、乾闥婆、阿脩羅、迦樓羅等人非人（很像人的樣子，但不是人）。釋提桓因是指帝釋天。通常所謂梵天與帝釋，都是古印度時代諸神，釋尊說法時，他們會飛來守護釋尊的教法。『法華經』先會談到他們這些非人的數量衆多，都來跟阿難尊者一起聽聞釋尊的教理。

上述五類是大乘佛經的共同語和習慣，聖德太子將以上內容看做通序。

爾時世尊四衆圍遶。供養恭敬尊重讚歎。為諸菩薩說大乘經。名無量義教菩薩法佛所護念。佛說此經已結加趺坐。入於無量義處三昧。身心不動。是時天雨曼陀羅華。摩訶曼陀羅華。曼殊沙華。摩訶曼殊沙華。而散佛上及諸大衆。普佛世界六種震動。爾時會中比丘比丘尼優婆塞優婆夷。天龍夜叉乾闥婆阿修羅迦樓羅緊那羅摩睺羅伽人非人。及諸小王轉輪聖王。是諸大衆得未曾有歡喜合掌一心觀佛。爾時佛放眉間白毫相光。照東方萬八千世界。靡不周遍。下至阿鼻地獄。上至阿迦尼吒天。

這段經文的後面部份，被聖德太子當成別序。之後，才是『法華經』獨自的內容。這裡談到釋尊被四衆層層圍住。四衆是指比丘、比丘尼、優婆塞、優婆夷，似乎跟上面通序的旨趣有些不同。表面上，這裡似乎不必再提到「四衆圍遶」，但在『法華經』裡卻用它來告一段落。

別序探討釋尊到底在『法華經』裡談些什麼？聖德太子卻把這方面分成五項——

(1)衆集序，(2)瑞相序，(3)疑念序，(4)發問序，(5)答問序。

其中，「爾時世尊四衆圍遶，供養供敬尊重讚嘆」這段經文，正是⑴衆集序了。將通序的文章歸納到這段短文亦無不可。

所謂⑵瑞相序，即表示奇瑞那一段話。意指釋尊在說法時，靠神通力，展示非常不可思議的現象。這樣，大衆才會把注意力更加傾向釋尊。為了要吸引聽衆的注意，釋尊才逐一展現不可思議相，結果引起彌勒菩薩的疑念。這正是疑念序⑶。在疑念序裡，彌勒詢問文殊，文殊逐一回答。

⑷發問序是指質問。原則上，如果無人發問，釋尊就不說法。許多佛經裡提到「無問自說」，雖然有時弟子發問，才給予說法。但原則上，佛教的基本立場是依人說教。之後，由釋尊回答問題（⑸答問序）。

總之，教法是在問答裡展開的。這樣成了一種順序，聖德太子對〈序品〉的解釋，非常簡單扼要，相當不錯。

⑵瑞相序是「為諸菩薩說大乘經。名無量義教菩薩法佛所護念佛說此經」以下的經文。有一點很重要的是，大乘經典是為菩薩說的，像舍利弗因為利他行，才修持布施波羅蜜，結果遇挫放棄了。

因此，釋尊即使對聲聞講解六波羅蜜的教理，也不勉強他們非實行不可。原則上，大乘教法是針對菩薩說的。釋尊說明「無量義教菩薩法佛所護念」的教法，之後，就進入深度的瞑想裡，並在三昧中展示各項不可思議與奇瑞，但以後又說明法華一佛乘的教法了。

這種瑞相序又分成兩種。一種是「在此土現瑞」，另一種是「在彼土現瑞」。當佛進入無量義處三昧時，上天落華如雨點，佛的世界有六種震動。這樣一來，群衆皆大歡喜，一心注視佛。這段是把奇瑞呈現在釋尊的娑婆世界。皆大歡喜，之後又如何呢？這樣才集中意識面向釋尊。

至於在彼土現瑞的情況是，「爾時佛放眉間白毫相光。照東方萬八千世界。靡不週遍。下至阿鼻地獄。上至阿迦尼吒天。」以下的文章。

因為這是一部經典，記載內容與方式才跟我們的常識脫結。我們不妨認為這種奇瑞事實上也存在，再者，也不妨從另一角度去思考——在如此譬喩式敍述，和非常龐大格局的戲曲結構中，組成『法華經』的諸員到底說些什麼？希望大家能夠明白。

爾時彌勒菩薩作是念。今者世尊現神變相，以何因緣而有此瑞。今佛世尊入于三昧。是不可思議現希有事。當以問誰。誰能答者。復作此念。是文殊師利法王之子。已曾親近供養過去無量諸佛。必應見此希有之相。我今當問。

釋尊運用神通展現無數不可思議的現象，當然會引起聽衆的懷疑與好奇，才紛紛問起為何有這些奇瑞呢？其中有文殊與彌勒兩位菩薩，是大乘佛敎的代表人物，只見彌勒菩薩以代表人身份起了疑心，這就是⑶疑念序。

不料，當時的釋尊剛好深入無量義處三昧，才不能直接請敎釋尊。這時，彌勒菩薩只好請敎文殊菩薩有關奇瑞的因緣了。文殊菩薩有法王子的稱號，並有年輕的形象，在佛陀座下名列第一，他長大後會成佛。

經文對文殊的描述是：「已曾親近供養過去無量諸佛。」他雖然給人年輕的形象，其實，他修行佛道的時間很久了。還有人說，文殊菩薩比釋迦牟尼佛更早發心向佛和修行。如依據『放缽經』上說，當釋尊年幼時，也由文殊菩薩引導修行佛道。因此，文殊是修行有成就，甚至比佛陀更早修行的大菩薩。不過，這位偉大的文殊菩薩與衆不同，因為他認為如果自己成了佛，進了涅槃就不能救渡衆生，所以，他才刻意不成佛，而寧願停在菩薩階段。

關於菩薩修行，可分為自利行與利他行，這種修行既要顧到自己的利益，也同時要為別人的利益著想。反過來說，若能顧及別人的利益，自然也有利於自己。這種論點出自一種緣起道理——這個世界的存在，建立在互助合作的基礎上，意指菩薩的修行在救渡別人，也同時要成就自己的修行。

因為文殊菩薩從久遠的過去，歷經長年累月在修持佛道，所以，在修行佛道方面，他熟知過去前世的事。彌勒菩薩認為釋尊進入無量義處三昧，呈現不可思議奇瑞的意思很明顯。

彌勒問文殊的內容，屬於(4)發問序。發問序可用長偈來表示。

在此，僅摘錄一部份偈語，以資參考。

放一淨光　照無量國　我等見此
得未曾有　佛子文殊　願決衆疑
四衆欣仰　瞻仁及我　世尊何故
放斯光明　佛子時答　決疑令喜
何所饒益　演斯光明

爾時文殊師利語彌勒菩薩摩訶薩及諸大士。善男子等。如我惟忖。今佛世尊。欲說大法。雨大法雨。吹大法螺。擊大法鼓。演大法義。諸善男子。我於過去諸佛曾見此瑞。放斯光已即說大法。是故當知。今佛現光亦復如是。欲令衆生咸得聞知一切世間難信之法。故現斯瑞。諸善男子。如過去無量無邊不可思議阿僧祇劫。爾時有佛。號日月燈明如來、應供、正遍知、明行足、善逝世間解、無上士、調御丈夫、天人師、佛、世尊。演說正法。初善、中善、後善。其義深遠。其語巧妙。純一無雜。具足淸白梵行之相。為求聲聞者。說應四諦法。度生老病死。究竟涅槃。為求辟支佛者。說應十二因緣法。為諸菩薩、說應六波羅蜜。令得阿耨多羅三藐三菩提。成一切種智。次復有佛。亦名日月燈明。次復有佛。亦名日月燈明。如是二萬佛。皆同一字。號日月燈明。

別序的最後是(5)答問序。這段是文殊談論各種奇瑞的意思。經文有一句「如我惟忖」，因為文殊從久遠的過去，就跟隨諸位如來修行，才憶起那段說得出來的經驗。文殊的佛道修行非常悠久，如依據這一點來看，出現奇瑞以後，一定會開示前所未有的殊勝敎法（即法華經）才對。

經文所謂「雨大法雨」，聖德太子的解說是：「雨也譬喩法華經，因為雨水能滋潤萬物，讓果實成長，而這部經也能滋潤萬善，成為一因，讓法身的一果長大，用這樣做譬喩。」關於「吹大法螺」，則這樣解釋：「也用這部經譬喩，要想讓外國將官改變命令，就吹螺號來制服，因為這部經也能改正以前的三因三果，所以用它來譬喩。」在印度，如果要下達命令，就要吹起法螺貝，聚集衆人的注意，公開說出規則。原因是，要喚起大家的注意，馬上開示新敎理，而不是以前說過的敎法。

聖德太子在『法華義疏』裡，提到三因三果是三乘，包括聲聞乘、緣覺乘和菩薩乘等三種敎法，聲聞乘可證阿羅漢果，緣覺乘可證辟支佛果，菩薩乘可證佛果，各類覺悟內容都不一樣。佛陀雖然這樣說過，但現在想要更改。

總之，如今要說一因一果，即一乘的教理。照理說，只要教法只有一種，那麼，照著它修行，結果也都會一樣。

『法華經』讓世人明白大家都有一樣的佛性，所以，內容再三敍述修行方法，即是怎樣開發佛性。釋尊出世的真正目的，應該在這部經裡彰顯得出來。

然而，下面所要說的大法，卻是「一切世間，難信之法」。意指『法華經』是很難信的教理。原因是，一般佛教都指出，若不修行到三阿僧祇劫那麼長時間，就無法成佛了。反之，『法華經』卻說信佛就能成佛。所以，『法華經』是很難取信的教法。倘若說少許修行，跟真誠長期修行的結果一樣，那麼，芸芸衆生自然不易接受這個理念了。『法華經』正是這種很難讓人接受的經。

當『法華經』開始在印度出現時，『般若經』才是大乘佛教的代表性教理。那麼，那項教理的主旨，總是在教人怎樣完成六波羅蜜。

例如布施波羅蜜是，只要對方有所要求，就不能拒絕，即使對方要性命，也要慷慨布施。否則不能成就這種修行。這種修行真難，縱使修到三僧祇劫之久，反覆生死輪迴，也難有成就。

劫（kalpa）是非常長時期，關於這一點，曾經有一句磐石劫的譬喻。意指一個三里厚度的岩石，天人三年下凡一次輕拂，才使岩石被擦成薄衣。只有這樣才能使這塊岩石切碎消失，為時要一劫。這樣累積成千為大劫，將它乘於無數，成為一阿僧祇劫，三倍是三阿僧祇劫。阿僧祇是 asamkhya 字的音譯，意譯為無數。

無數是數不盡，但也有它的極限。例如太平洋的海水量難以計量，當然也有限量。反正布施波羅蜜很難完成，需要極長時間，相當不易。這樣艱苦的修行，只有經由生死輪迴，不斷修持，才好不容易可以成佛。這種想法貫穿『般若經』的要旨。

反之，『法華經』卻認為大家只要信奉它，就能成佛。那就是要受持、誦讀、抄寫，向眾生解說供養，透過這些修行內容才能成佛。所以對當時的印度人來說，實在很難相信這樣簡單修行，就能成佛的教理。

——如過去無量、無邊、不可思議的阿僧祇劫，爾時有佛。日月燈明如來、應供、正遍知、明行足、善逝、世間解、無上士、調御丈夫、天人師、佛、號稱世尊——。

所謂如來，如是指那些東西來自真理，應供以下十種稱號，這叫「十號俱足的佛陀」。應供指應該供養，有資格接受人的供養。因為佛的生活是自利利他，才有資格受人供養。正遍知是證得完全覺悟的人，明行足是具足明（智慧），與行（偉大修行）的人。佛陀是如所說，如所行的人，也是言行一致的人。

善逝是善終的人，世間解是能理解世間一切事務的人，無上士是超過佛的人，意指世間並無這種人。調御丈夫是指那些善教眾生開悟的人，而這種如來是天人之師（天人師），已經覺悟者（佛），或讓世人尊敬者（世尊）。

這位日月燈明如來，早在永遠的過去世，就已經出現在世間，當時，已經修行佛道的文殊菩薩，就是跟隨他修行的。據悉那時的日月燈明如來，向那群渴求聲聞者，講解四諦八正道，也向那群渴求辟支佛者，說明十二因緣，並向眾菩薩說明六波羅蜜，期使他們能得阿耨多羅三藐三菩提（無上正等正覺），成就一切種智。

若依『大智度論』上說，佛陀的智慧有三種，故稱為「三智」。

一是指「一切智」，懂得平等的智慧。雖說知道一切，其實，萬物的本性是空與無常，若懂得這樣的智慧，也叫做「空智」。

二是「道種智」，那是懂得差別的智慧。若懂得事物有諸多不同的特性，那是指變化不停，凡能理解這種差別世界的變化的智慧，則屬於道種智，也叫「假智」。

第三是經文上的「一切種智」——綜合一切智與道種智，也稱做「中道智」。儘管眾人剛生下來不一樣，現狀亦不同，但佛性卻隱藏在眾人的身心裡。一面認同這種差異，也一面正確地認識其中的真正價值，這叫做一切種智，也是中道智。

『法華經』提到日月燈明如來曾經講解聲聞、獨覺和菩薩三種教法，最後才自行入涅槃，後來陸續出現的佛陀多達兩萬人，而且全都叫做日月燈明如來。最後那位日月燈明如來的教法正好如釋尊一樣，他的經典名叫無量義教菩薩法佛所護念。另外，結跏趺坐，進入無量義處三昧。那種身心不動的光景也完全相同。

時有菩薩。名曰妙光。有八百弟子。是時日月燈明佛從三昧起。因妙光菩薩說大乘經。名妙法蓮華、教菩薩法、佛所護念。六十小劫不起于座。時會聽者亦坐一處。六十小劫、身心不動。聽佛所說謂如食頃。是時衆中。無有一人若身若心而生懈惓。（中間省略）

佛滅度後。妙光菩薩。持妙法蓮華經。滿八十小劫為人演說。日月燈明佛八子。皆師妙光。妙光教化。令其堅固阿耨多羅三藐三菩提。是諸王子。供養無量百千萬億佛已。皆成佛道。其最後成佛者。名曰燃燈。八百弟子中有一人。號曰求名。貪著利養。雖復讀誦衆經而不通利。多所忘失。故號求名。是人亦以種諸善根因緣故。得值無量百千萬億諸佛。供養恭敬尊重讚歎。彌勒當知。爾時妙光菩薩。豈異人乎。我身是也。求名菩薩。汝身是也。今見此瑞與本無異。是故惟忖。今日如來當說大乘經。名妙法蓮華教菩薩法佛所護念。

在兩萬名日月燈明如來的大會裡，一位菩薩叫做妙光，佛特地為妙光菩薩從禪定中醒來，講解『妙法蓮華經』。總之，這裡提出一個暗示——如果釋尊也從無量義處三昧裡出定的話，也恐怕會講述『法華經』。其中又談到日月燈明如來向妙光菩薩講述：「大乘經名妙法蓮華教菩薩法佛所護念。」之後，日月燈明如來才進入涅槃。

這點也暗示釋尊說完『法華經』後，照樣入了涅槃。另外，經文也明示這位妙光菩薩實際上是文殊菩薩，稱為求名的修行人，即是彌勒菩薩。不論如何，這部龐大戲曲的組織超越時間，解說也繞了一大彎，堪稱雄偉壯觀。這一點也是『法華經』的最大特徵。

『梁塵秘抄』有〈序品〉五首，歌誦『法華經』〈序品〉所展開的美妙光景。其中一首是：

花從空中降落　大地發生震動　佛光普照世界

彌勒文殊的問答　猜測會有法花的講述

釋尊在〈序品〉裡展示各種奇瑞——百花從空中下降，大地發生六種震動，接著，彌勒菩薩懷疑之餘，代表在座的群衆請教釋尊，能否開示這樣奇異現象呢？因為文殊菩薩在久遠前已經成就佛道修行，彌勒菩薩才會問他。下面問答或對話，所形成的序幕〈序品〉終於如火如荼地展開了。在文殊菩薩的回答裡，最重要的內容，無疑談到永遠的過去世，有了這些奇瑞以後，才有『法華經』的講述，此次亦無例外，釋尊也會講『法華經』才對。在『梁塵秘抄』這首歌裡，的確表示：「猜測會有法花的講述。」

第二章　一乘教法（方便品第二）

從〈方便品〉開始，等於『法華經』的正論了。曾有九首歌從『梁塵秘抄』的〈方便品〉取材。其中一首是：

在平等大慧的土地上　連孩童們的遊戲
也會逐漸成佛種　而生長成菩提大樹。

其中所謂平等大慧的土地，當然是指一乘的教法。一乘教法是平等救度三乘之輩，而且芸芸衆生也能藉此得到救度，才把一乘智慧叫做平等大慧。土地是以後提供給種子或菩提大樹生長的地盤，所以將平等大慧譬喩為大地。地上要能生長東西，我們才能活下去。俗話說大地在負荷一切衆生，有情衆生由於出生在地上，才能生存下去。

另外，天下蒼生也要仰賴大地的恩賜才能活著，所以，土地的意思是天下蒼生的住處，也能讓萬物成長，具有孕育生物的力量。

一乘敎法也藏有某種力量，能使芸芸衆生的心成長，最後讓他們成佛作祖，所以稱它為「平等大慧之地」。

下句「連孩童們的遊戲，也會逐漸成佛種」，若套上〈方便品〉的例子，等於說孩子們嬉戲、聚沙成塔，連這樣微不足道的表現也等於成佛種子，所以，這一首歌詞坦率地讚嘆此事。這顆種子播種在一乘敎法這樣平等大慧的地面上，自然會發育成長為菩提大樹——這是該首歌的大意。

天台大師將『法華經』二十八品分成兩部，前面十四章叫做跡門，後面十四章叫做本門。跡門意指被垂跡到世間的佛敎，那麼，釋尊又從那裡被垂跡出來呢？他被兜率天垂跡下來。這種情形叫做降兜率。因為釋迦牟尼的八相成道是降兜率、入胎、誕生（出胎）、出家、降魔、成道、轉法輪和入滅，而釋尊受制於這八種姿態，來救度有緣衆生，這些活動被看做垂跡。

上述佛說完『無量義經』之後，才進入無量義處三昧，但在『無量義經』裡，有一句「四十餘年未顯真實」的話，意指釋尊成道後四十多年間，未曾談到真實，直到晚年才逐漸談到真實——『法華經』。接著，我們要拜讀「方便品」，那是上述跡佛，也是釋尊被垂跡在世間最重要的敎理了。

反之，本門（第十五品～第二十八品）卻敍述久遠本佛的教理。其中第十六〈如來壽量品〉上說，形式上，釋尊顯然出生在釋迦國，在人間活了八十年。實際上，他在遙遠的過去早已成佛，因此，釋尊的壽命年限無法記述。這叫做五百塵點劫，本門正是敍述這位久遠本佛的教理。

爾時世尊從三昧安詳而起。告舍利弗。諸佛智慧。甚深無量。其智慧門難解難入。一切聲聞辟支佛所不能知。所以者何。佛曾親近百千萬億無數諸佛。盡行諸佛無量道法。勇猛精進名稱普聞。成就甚深未曾有法。隨宜所說意趣難解。舍利弗。吾從成佛已來。種種因緣。種種譬喻。廣演言教。無數方便引導衆生。令離諸著。所以者何。

如來方便知見波羅蜜。皆已具足。舍利弗。如來知見廣大深遠。無量無礙力無所畏。禪定解脫三昧。深入無際。成就一切未曾有法。舍利弗。如來能種種分別。巧說諸法。言辭柔軟。悅可衆心。舍利弗。取要言之。無量無邊未曾有法。佛悉成就。止舍利弗。不須復說。所以者何。佛所成就第一希有難解之法。唯佛與佛乃能究盡諸法實相。所謂諸法。如是相。如是性。如是體。如是力。如是作。如是因。如是緣。如是果。如是報。如是本末究竟等。

釋尊從無量義處三昧裡出來，就說明佛的智慧非常深妙，不是聲聞與辟支佛所能理解。

佛教傳統上都敍述三乘。其中對聲聞乘談四諦八正道的修行內容，對辟支佛乘解釋十二因緣（獨覺乘），這兩乘都以自利為中心，而缺少利他精神。另一面有菩薩乘，則以實踐六波羅蜜為修行科目，目的在成佛作祖，兼顧自利與利他，兩相平等。

這種菩薩乘同時成為大乘佛教，但在『法華經』裡，除了這種教說以外，也開示一佛乘的教理。那就是〈方便品〉了。

誠如上述，講述『法華經』以前，世上早有許多大乘經典了。最具代表性的是『般若經』。『般若經』早在紀元前五〇年左右出現在印度了，其他以『華嚴經』為首的各種大乘佛經，將這些歸納起來稱為菩薩乘。反之，我們發現紀元一五〇年前後出現『法華經』，大約二百年間，佛教都在講這三乘教法。

談到三乘中的菩薩乘，它的修行時間長達三阿僧祇劫。表面上，三祇劫等於永遠，在永遠的修行裡成就六波羅蜜，意指永遠修行的精神裡有覺悟存在。在完成這項目標以前，它含有極大魅力，不論有多偉大的成果，一旦如願時，這個目標的完成就會失去魅力。其間有一股無目的的生存觀念會起來。在我們的生命裡，的確有這種似是而非的論點。然而，菩薩乘卻叫做沒完成的完成，不論修行到那裡，都會露出事情的成就。

總之，如果分開目的與手段，那麼，我們的人生是一種手段，即原原本本的目的，這種生存方式才是菩薩行。

波羅蜜多（Pāramitā）指完成的意思，它必須靠永遠修行，不在建立「完成」這項有限目標，而是永遠將這項目標當做對象修行下去。

以前，世間都說三乘教法，而『法華經』卻說一佛乘的最新教法。所以，以往的大乘佛教都認為法華的教法很難接受。釋尊希望能說些大乘教法，好像『般若經』與『華嚴經』一樣。理由是，『法華經』無法理解，如果情況惡化下去，也許會讓世人覺得『法華經』的論點是一種邪見，因為『法華經』跟『般若經』等不同，它提示一種完全不一樣的救度方法。這樣一來，釋尊才突然表示：「諸佛智慧甚深無量……一切聲聞、辟支佛所不能知。」

雖然，『法華經』屬於大乘佛教的理法，但卻不同於以往的大乘教法。因此，如不徹底改變想法，自然無法理解法華一佛乘的教理了。

這一則是針對「行的佛教」而出現的「信的佛教」，傳統上，佛教叫做修行佛教，如果是聲聞乘，就要信受四諦八正道，如果是菩薩乘，就要實踐六波羅蜜，很重視嚴格修行。依照佛教的觀點說，這種修行的佛教才是真正主流。反之，靠信仰才能得救的佛教，就是『法華經』所說的內涵了。

雖然，釋尊從三昧一出來，就迅速告訴舍利弗，殊不知舍利弗一向實踐四諦，所以很難接受『法華經』的觀點。不論如何都看成有佛智在內——這樣一來，釋尊告誡說：「止，舍利弗，不須復說。」

法也有教理的意思，釋尊悟得的真理叫做法。佛經把釋尊悟得的真理寫成「希有難解之法」。釋尊斷言這套教法不是舍利弗等人所能理解，而只有佛才能了解所謂諸法實相。關於這套佛法，可稱為十如是。

所謂十如是，意指如是相、如是性、如是體、如是力、如是作、如是因、如是緣、如是果、如是報、和如是本末究竟等，而只有佛能窮盡這種十如是的法。

不妨再看看十如是以前，還有一句「十界互具」的話。十界是地獄、餓鬼、畜生、阿修羅、人間、天上（以上屬於迷界。六道輪迴）、聲聞、緣覺、菩薩、佛（以上為悟界）。這些界所以互具，意指十界彼此都具有各個界。

總之，在我們一瞬間的心動裡，既有地獄，又有餓鬼，而且有佛在。縱使看見佛，其間仍具有十界，佛陀裡也有地獄、餓鬼和畜生等三惡道。尤其，這些惡叫做性惡，雖說佛也有惡的特性，但不會去實行（修惡）。

由此可知，十界互具是指十界的各界都具備十界，而形成百界的總數。那麼，這個百界裡也含有十如是了。所謂如是相，是指各個事物都呈現各種特有的相狀，然而，在這些特性裡也都有各類差異特質（如是性）。之後，所謂如是體，是指事物的本質，如是力指能力，每個事物的存在具有獨自的能力，如是作是指作用，如是因是指應該產生結果的直接原因，而如是緣指間接原因，如是果指因緣導出的結果，如是報指報應的結果，如本末究竟等指從根本的「相」，直到最後的「報」全都平等。

總之，意思是萬物（諸法）都存在十如是的現象或姿態。

另有三種世間是，衆生世間、國土世間和五陰世間。所謂衆生世間，即是有情衆生的聚集，也指社會。這種有情社會係在國土上面開展出來的國土世間，然而，衆生有各種肉體與心（五陰世間）的存在。

總之，不論衆生或世間，都係由社會、國土和個人等三項組成的。

這樣一來，百界（十界互具）乘上十如是，即是一千界，倘若再乘以現在三種世間，當然會成為三千界。我們常說「一念三千」，就是針對佛陀覺悟的真心而言，那麽，我們的心叫做妄心，在妄心的一刹那間，會具備三千諸法。

梵文本上並無十如是，僅出現在鳩摩羅什的譯本裡，據說它很可能依據『大智度論』卷三十二所論發展出來的，而天台大師才從這十如是裡組成一念三千的教理。我們刹那刹那的心得以存在，表面上看好像很單純，其實有極複雜的內容。倘若依照止觀（瞑想）如實地觀察我們這樣複雜的心，就會確知身在迷界的我們，也有機會進入清淨世界。

爾時舍利弗知四衆心疑。自亦未了。而白佛言。世尊。何因何緣。慇懃稱歎諸佛第一方便。甚深微妙難解之法。我自昔來。未曾從佛聞如是說。今者四衆咸皆有疑。唯願世尊。敷演斯

事。世尊何故慇懃稱歎甚深微妙難解之法。（中間省略）

爾時佛告舍利弗。止止不須復說。若說是事。一切世間諸天及人皆當驚疑。

在〈方便品〉的開頭，釋尊就指出：「諸佛智慧甚深無量，其智慧門難解難入，一切聲聞，辟支佛所不能知。」所謂佛智，釋尊明白表示聲聞理解不出來。因為這跟釋尊以前的指導內容大不相同，才使所有聽聞眾都有疑心。這樣一來，在一群佛弟子裡高居上首的舍利弗，忍不住代表大家請示釋尊了，那就是前面那段話。佛陀聽了答道，它有甚深微妙的智慧，恐怕芸芸眾生不懂它的旨趣，會陷入極深的疑惑裡，所以不說也罷。之後，舍利弗又問佛陀，佛陀依舊沒說。這時，舍利弗不禁第三次發問了。

爾時世尊告舍利弗。汝已慇懃三請。豈得不說。汝今諦聽。善思念之。吾當為汝分別解說。說此語時。會中有比丘、比丘尼、優婆塞、優婆夷五千人等。即從座起。禮佛而退。所以者何。此輩罪根深重及增上慢。未得謂得。未證謂證。有如此失。是以不住。世尊默然而不制止（中間省略）

佛告舍利弗。如是妙法。諸佛如來時乃說之。如優曇鉢華。時一現耳。舍利弗。汝等當信佛之所說。言不虛妄。

佛教常說「三止三請」，當弟子連續三次央求佛陀說法，佛陀一定會說，三止是弟子央求三次，佛陀照樣不答應時，按照規則，弟子們就不要再繼續央求了。這裡談到舍利弗央求三次，釋尊終於開講『法華經』了。但從佛經的內容看來，在場的比丘、比丘尼、優婆塞、優婆夷等五千人。並沒有聽法，反而紛紛退出場外。佛陀沒有制止他們退場，由此可見，『法華經』的教法在當時佛教界，算是相當有問題的教法。

誠如前述，佛教一向屬於修行的教理，要出家守戒律，節儉衣食住，刻苦修持，這樣才能滅掉內心的煩惱，成就修行。這種想法是佛教的一向立場。在巴利文裡，完成修行稱為Katam Karanigam，後者指「該做的事」，前者指「完成」的意思。

總之，它指自己在世間該做的事，全都做好了。

佛教一向主張Katam Karanigam的自覺，要依靠修行才能得到。無如，『法華經』的教法卻不是這樣，而是信仰的佛教。

自己的心要從煩惱得到解脫時，共有三種情狀——信解脫、慧解脫和心解脫。其中所謂信解脫，就是要靠信仰得到解脫，意思是藉著信仰的力量，減掉疑心或疑惑。只要信仰的力量堅強，就會安然自在，連我也不會怕。這樣一來，我們的心也能靠信仰得到解脫了。但另一方面，也難免碰到問題——只靠信仰能不能得到真實的智慧呢？如果煩惱不消滅，真實智慧豈非不明顯嗎？

的確，這個疑問相當有道理，只因不能自力自救，才要靠佛來救度，這樣一來，觀點也就得從「行」轉到「信」了。

好像『般若經』等教法，都始終認為靠自己努力修行才能開悟，雖然教理本身相當充實不錯，實際的實踐卻極為困難。在此，卻摸索出一種教法，足以救度那些無法刻苦修行的人，而且，佛的智慧也只有救得那些無法刻苦修行的衆生才算完成。

面對這些問題，『法華經』才特別重視「信」的工夫。當『法華經』剛剛出現時，大乘佛教的主流仍舊是『般若經』，那麼，站在它的立場上說，當然會懷疑法華的教法——「靠信仰得救」是一種邪見了。

上面的經文指出五千名增上慢的比丘們退席，他們所以不聽法華的教理，原因出在他們一向奉行『般若經』的「行」教，而不習慣法華的「信」教所使然。

那麼，關於「行」與「信」的教法，何者才算正確呢？當時並沒有人這樣質問，事實上站在佛教的立場上說，並非誰對誰錯的問題，而是各種不同的人都各有其真理。

佛教對付意志薄弱的人，自有一套救度的教法，對於刻苦修行的人，就備妥像『般若經』那種教法了。所謂相應時機，就是指某種教法要應對他的時代和不同的機根能力，佛教始終持這種觀點。

所以，佛陀告訴舍利弗說：「汝等當信佛之所說言不虛妄。」至於說行與信的教法誰優誰劣，真是一大難題。反正信的問題在佛教裡不能忽視，因為佛教常說信是「心澄淨」。如果不合理也要信，則屬於基督教的信，當然，佛教不會這樣說。佛教的信，等於心澄淨的現象。所謂澄淨，是指污濁的心變成清淨，才能稱為信。

『大智度論』有一句名言：「要靠信才能進入佛法大海。」意指心中先有信的活動，才能被接引到佛教裡。其實不僅佛教如此，所有宗教都一樣，然而佛教所謂信，不僅停留在信字上，而是認為信有某種力量，可讓我們的心成為清淨之物。同時，這種信仰的心理活動逐漸深入時，就會變成智慧了。佛教的立場是抱持這種理解態度。因此，『大智度論』上說：「將智變成能度」，信在佛教裡，不是胡亂相信的意思，而是有相當作用的。

舍利弗。諸佛隨宜說法。意趣難解。所以者何。我以無數方便、種種因緣、譬喻言辭、演說諸法。是法非思量分別之所能解。唯有諸佛乃能知之。所以者何。諸佛世尊。唯以一大事因緣故出現於世。舍利弗。云何名諸佛世尊唯以一大事因緣故出現於世。諸佛世尊。欲令眾生開佛知見、使得清淨故。出現於世。欲示眾生、佛之知見故。出現於世。欲令眾生悟佛知見故。出現於世。欲令眾生入佛知見道故。出現於世。舍利弗。是為諸佛以一大事因緣故。出現於世。

佛告舍利弗。諸佛如來。但教化菩薩。諸有所作。常為一事。唯以佛之知見、示悟眾生。舍利弗。如來但以一佛乘故為眾生說法。無有餘乘若二若三。

佛陀出現世間的一大事因緣，換句話說，佛出現的目的，在讓衆生開啟佛的知見。所謂佛的知見，即是佛的正覺。

換句話說，諸佛出現人間的目的，不在展示阿羅漢的覺悟（聲聞乘）和辟支佛的覺悟（獨覺乘），而在向衆生展示佛的正覺，使芸芸衆生能夠開啟佛的知見。這一段指出諸佛出世，是希望讓衆生開啟佛的知見，讓衆生能悟解佛的知見，並使他們能夠進入佛知見的路上，這叫做「開示悟入」，自古以來，成了『法華經』裡很著名的一節。

談到開示悟入的問題，「開」是所謂佛知見這種實況，等於聲聞乘的教法。而「示」是指『般若經』，「悟」是指『維摩經』，「入」是指『法華經』的註釋。依我淺見，這跟開示悟入一樣，用來理解『法華經』亦無不可。

那麼，佛陀告訴舍利弗說：「如來但以一佛乘故為衆生說法，無有餘乘若二若三。」其實，這一段是『法華經』最成問題的部份。這叫做「開三顯一」或「會三歸一」。一是一佛乘，三是指三乘（聲聞乘、獨覺乘、菩薩乘）。

但自古以來，繞著菩薩乘就很成問題。換句話說，餘乘的二是指自利的聲聞乘和獨覺乘，至於餘乘的三，照理說包括自利利他都平等的菩薩乘。一佛乘是指教法只有一項。就是說佛陀的惟一教理，在讓芸芸衆生的佛性覺醒起來。

談到「無有餘乘三」時，意指佛的出現，旨在講解一佛乘，而不包括菩薩乘。姑且不提聲聞與獨覺二乘，菩薩乘是指『法華經』出現以前的大乘教法，而這套菩薩乘也在教導如何修行成佛？換句話說，這也是佛乘。說得明白些，若站在因的立場，即是菩薩，若站在果的立場，即是佛也，如將它看成因果一切，那麼，菩薩乘也是佛乘。因此，所謂一佛乘，也有人解釋為三乘中的菩薩乘。由此可見，這方面有兩種觀點，一種是新的法華一佛乘——連以前的大乘佛教（菩薩乘）都丟棄，另一種認為三乘中的菩薩乘，才是真正一佛乘；自古以來，這一點成了爭論不休的經文。

所謂開三顯一，係開示聲聞乘、緣覺乘和菩薩乘等三種教法，其間足以顯現一佛乘。因此，談到聲聞乘時，也不是要丟棄它。總之，聲聞乘的衆生也有佛性，只是他們不自覺罷了，倘若仔細研究聲聞乘的教法，其中也有「悉有佛性」的教理。這是開三顯一的意思。至於會三歸一的「會」，意味一起實踐三乘教法，倘若這樣做，結果會歸納到一佛乘。

但在『無量義經』談到「四十餘年未顯真實」這句話，誠如上述，釋尊在尚未提到『法華經』以前，根本不會開示真實的教法，倘若事實這樣，那麼，像『般若經』等經典所說的三乘，難道不夠真實嗎？佛陀豈不是口出虛妄之說？顯然會有這個問題的出現。因此，這裡才會有〈方便品〉的「方便」兩字。

關於這一點，聖德太子這樣說：「雖然如來說無有餘乘若二若三，他只是想利用某物來圖方便罷了，那有什麼虛妄呢？」所謂萬物，就是為了利益衆生，才開始講解三乘，其間，他看到機緣成熟，大衆似乎能夠接受佛乘，才提示真實不過是一佛乘，所以，以前所說並非虛妄。這是聖德太子的詮釋。

『法華經』的新教法，採用釋尊開示的體裁，當然，那是『法華經』一群作者所寫的經文。當時，他們為了在世上推出一部新教法——完全不同於以前的『般若經』與『華嚴經』等大乘經典的旨趣，針對以前的教理，才覺得有必要主張『法華經』的獨自性，或殊勝之處。其間，明白表示般若與華嚴等教法是佛的方便，只有法華才是真實教法。

『法華經』認為釋尊到了『法華經』時才開始坦露真實教法。話雖如此，那也不表示聽聞釋尊四十多年教理，而修行的人會浪費精力，站在佛弟子的立場上說，也許只有透過這些修行，才能發現『法華經』的真實道理。

我們在人生過程裡，也不一定能正確而不迷惑地朝著目標前進，總會有嘗試錯誤，一會兒向左、一會兒朝右；迷迷惑惑地向目標摸索前進。俗話說方便是「對付真實的方便」，如果沒有發現真實，那麼，以前的修行既不管用，也會失去方便的意義。

總之，在方便這個詞語裡，依我看，應有導入真實，或能進入真實的意味。所以，為了要知道方便一詞的涵意，那麼，發現真實無疑成了極重要的契機。我們活在世間，只要找到人生的真實意義，才會知道以前的人生，不過是邁向真實的方便罷了。

那麼，『法華經』所說的真實是什麼？就是上述的「悉有佛性」，亦即發現與自覺我們都具有佛性。〈方便品〉談到佛子一詞，那是指聽聞者產生一種自覺：「自己是佛子」。藉此開示佛性的存在。

且說〈方便品〉的結尾有偈語，叫做重頌，那是將前面散文所說的教理，再用詩的形式說出來。所以，頌讀這些偈語，無異溫習的意思。奈因〈方便品〉的詩偈實在太長了，我只希望摘錄些重要部份。

深著虛妄法　堅受不可捨
我慢自矜高　諂曲心不實
於千萬億劫　不聞佛名字
亦不聞正法　如是人難度
是故舍利弗　我為設方便
說諸盡苦道　示之以涅槃
我雖說涅槃　是亦非真滅
諸法從本來　常自寂滅相
佛子行道已　來世得作佛
我有方便力　開示三乘法

一切諸世尊　皆說一乘道
今此諸大衆　皆應除疑惑

談到佛子的自覺，不說父母親難得自覺，連孩子也不例外，不那麼容易得到，舍利弗聽了〈方便品〉的教理，似乎有了自覺：「我也是佛子」，這一段在下面的〈譬喻品〉提到了。本來，舍利弗覺得大乘教法非常困難，像自己顯然無法實踐，於是就不去理會它了，不料，當他聽了〈方便品〉的教理後，又起了一種自覺，原來自己也是能夠修行大乘的佛子。釋尊也在〈方便品〉裡談到舍利弗有了佛子的自覺。

釋尊有一句名言是：「無緣的衆生難度」。的確沒錯，強制那些無意親近真實的人，去變成真實者是很無聊的事。這句話的真諦是，真實應該由自己去找尋，因為有些人執著這種虛妄的教理，釋尊有見於此，才特地為他們先在鹿野苑開講四聖諦和八正道，當做方便教法，旨在引導他們前往真實的目標。

四聖諦是苦諦、集諦、滅諦和道諦，苦是指人生的本質即是苦惱。集指苦惱的原因，如煩悶與善惡諸法，滅是消滅煩惱，離開苦惱時所顯現的真理（涅槃），道是前往涅槃的道路為八正道。由此看來，他雖說苦滅時會呈現涅槃，但那不是真正的涅槃。佛陀在此提到大乘教法所說的滅諦，才是真實的。當然，從早期在鹿野苑初轉法輪，講四諦八正道開始，之後四十多年所說的教法，決不是全然沒用，這些在『法華經』裡復現了。由此可見，釋尊四十多年的教說，屬於「方便」無疑了。

再從說話人的觀點說，一開始所談的真實教法，其實不是說話的重點。所謂教理或教法，總要先建立前提條件，才能說得下去。換句話說，開始先說某種固定的教理，之後加以補充，或講更高層次的教法，才逐漸導入真實。

在後面的偈詩裡，出現「方便力」一語，那是釋尊看準方向，先用方便教法，不久才轉向真實，藉用這套方便力，才能引導衆生走入真實。

另外，『法華經』提到四聖教理屬於方便，其中說的涅槃不是真正滅諦，但在小乘的南傳佛教裡，卻指四諦教說才是真實，而大乘教屬於方便性質。因此，到底什麼是真實呢？非常難以確定。關於這一點，依我看來，各種教法不妨靠自己去選擇，因為在自行選擇時，所謂真實與方便的問題，也能得到解決。

所謂選擇，倒不是說沒有被選上的教法，都非真實教法。這還得一面尊重別人的立場，自己也一面加強自覺——「這就是真實的教理」，等於強調自己的信心。依我看，佛教這種思考方式，對於應付對立與紛爭不休的世界現狀很有必要。倘若只認同自己的觀點為真實，而認為對方的觀點錯誤的話，世界和平就沒有希望了。所謂「真實只有一個」，跟所謂「真實與方便」的思考方式不一樣。

從前有句名言：「諸法從本來，自已常呈寂滅相。」涅槃一方面可說動中的靜態，但也可說靜中的動態。談到活動從何產生的問題，雖然可從動中得到起因，毋寧說，還是從不動或靜的世界裡出現動作的。

老子的教理談到「天下萬物從有中產生」，那麽，有又從何而來的呢？他說從無中生有。表面上，佛教的觀點跟它稍有不同，但也有這樣的意思。所以，在思考涅槃的時候，也該想到動中的寂靜，或靜中的活動，換句話說，涅槃雖然屬於寂靜世界，但也決非不存在跟我們迥然相異的世界上，毋寧說，我們必須要從現實這個活生生的世界上，找尋涅槃的真實才對。

在「諸法」裡，也有我們自身的存在。這種存在即是佛性的存在，這一點是『法華經』再三申述的真理；而佛子的自覺，即是擁有這種自覺，同時，也是涅槃的世界。

諸佛滅度已　若人善軟心
如是諸衆生　皆已成佛道
諸佛滅度已　供養舍利者
起萬億種塔　金銀及頗梨
車𤦲與馬腦　玫瑰琉璃珠

清淨廣嚴飾　莊校於諸塔
或有起石廟　栴檀及沈水
木櫁並餘材　塼瓦泥土等
若於曠野中　積土成佛廟
乃至童子戲　聚沙為佛塔
如是諸人等　皆已成佛道
若人為佛故　建立諸形像
刻彫成衆相　皆已成佛道
或以七寶成　鍮石赤白銅
白鑞及鉛錫　鐵木及與泥
或以膠漆布　嚴飾作佛像
如是諸人等　皆已成佛道
彩畫作佛像　百福莊嚴相
自作若使人　皆已成佛道

為了達到自己的目的，固然需要堅強意志來排除萬難，同時，也需要有善軟心，才能成就佛道。我們雖說要追求真實之道，但誰也不會一開始就懂得真實之道到底是什麼？總得先學習各種教說，傾聽各項教理，才能漸漸邁向真實。這叫做善軟心，凡修行大乘菩薩的人，都要有豐富的善軟心。

『法華經』上說，如果供養佛陀的舍利，或繪製佛像佛圖等也能開悟。由此看來，所謂一乘教倒不是難解的教說，而是要發現自己內心的佛性。這樣在我們日常生活裡到處有機會。表面上，『法華經』主張世人可藉這種容易的修行成佛，而當時佛教界都認為成佛，非得有三阿僧祇劫那樣漫長與艱辛的修行不可，致使『法華經』遭到猛烈的指責。那就是蒙受極大的迫害了。

結果，一群『法華經』的信徒深感不安，擔心法華的教法會這樣慘遭滅亡，於是，才改由強調誦讀與抄寫『法華經』的重要性。從中亞的佛教遺跡裡，挖掘出不少抄寫的經典，其中以『般若經』與『法華經』最多。反正佛子自覺要透過法華一乘的教法，雖說在日常生活中可以得到它，其實，偶然的靈感也有必要。

第三章　火宅的譬喻（譬喻品第三）

當然，譬喻即比方。因為要直接說明一件事情非常困難，佛教才經常採用譬喻來解說。例如，水牛到底是什麼動物呢？若直接說明水牛即是水牛，顯然不易讓人知曉。這時，不妨說身體比普通的牛大，角既長又極度彎曲等特徵，所以非常像牛，那就是以牛做譬喻來說明水牛的情形。這樣一來，有人聽了這個說明走到野外一看，發現一條動物比牛大，角很長又極度彎曲，就會明白這一定是水牛無疑了。

佛教裡，很常提示這些譬喻來解說難懂的真理。

且說本章會出現羊拖車、鹿拖車、牛拖車等三種車，以為大牛的拖車（大白牛車）等譬喻，來分別一乘教與三乘教的差異。

爾時舍利弗踊躍歡喜。即起合掌瞻仰尊顏。而白佛言。今從世尊聞此法音。心懷踊躍得未曾有。所以者何。我昔從佛聞如是法。見諸菩薩授記作佛。而我等不豫斯事。甚自感傷。失於

如來無量知見。世尊。我常獨處山林樹下。若坐若行。每作是念。我等同入法性。云何如來以小乘法而見濟度。是我等咎。非世尊也。所以者何。若我等待說所因。成就阿耨多羅三藐三菩提者。必以大乘而得度脫。然我等不解方便隨宜所說。初聞佛法。遇便信受思惟取證。世尊。我從昔來。終日竟夜。每自剋責。而今從佛。聞所未聞。未曾有法。斷諸疑悔。身意泰然。快得安隱。今日乃知真是佛子。從佛口生。從法化生。得佛法分。

舍利弗是聲聞，自以為沒有成佛的能力，但後來聽到〈方便品〉的教法，始知自己以前的誤解，才好不容易明白一乘教的旨趣，原來任何人都能成佛，就忍不住踴躍歡喜起來。舍利弗曾經埋怨：「為什麼如來用小乘教法來救度我們聲聞呢？」但是，這絲毫不是釋尊的過失，只是自己的誤解罷了。

所謂阿耨多羅三藐三菩提，大體上是指佛陀的正覺，不過，我想在此稍加補述一番。它本是印度的梵文字，原字為 anuttarasamyak sambodhi，而漢字採用音譯。因為中國當年的翻譯僧衆，深怕意譯會失去正確的原意，才不得不用音譯。

例如，涅槃（nirvāna）通常解作「無憂無苦」或「安樂」，雖然很容易讓人明白，但卻沒有進一步追求涅槃的深刻意義。於是不用意譯，寧可採用音譯了。阿耨多羅三藐三菩提雖然屬於佛陀的正覺，事實上含有深妙的意思。比較接近的意思指無上正覺，有時也譯作無上正等覺或等正覺。無上正覺是阿耨多羅三藐三菩提的大概意思。菩提是佛陀的覺悟，佛是獲得至高無上的覺悟者，而諸佛全都得到這樣的覺悟。例如，釋迦牟尼與阿彌陀的覺悟，並無差異。

倘若有所不同，那麼，無上會失去意義。在這種情況下，就要加上等字了。

經文上說「若我等待說所因成就阿耨多羅三藐三菩提者。必以大乘而得度脫。」釋尊開示『法華經』，這樣會使一切衆生成就無上佛的正覺，如果等待佛陀說明這種結果的原因，那麼，佛必然會用大乘教理讓我們度脫。

所謂度脫，是指佛陀救我們，而度是從迷岸渡到覺悟的彼岸。其間有生死在流轉。有時會稍微脫軌，想要一睹生死的情狀。

通常，我們會把生與死分開來思考。活著的我們，以為死是在遙遠的對岸。所以，死的日子還早得很，實際上，我們不斷地在生，也同時在死。生與死分不開來，要能接得住「生死」。這種想法才是佛教的基本觀點。

假定死這件事是從對面來的，無如，它到底是什麼回事呢？不論怎麼去思考，照理說都不會明白的。因此，死亡是極端難以理解的事。

且說日本有一位宗教學者名叫岸本英夫教授，他五十二歲前往美國的史丹佛大學去講學。有一次，他發覺皮膚上長出什麼東西，就去找美國醫生檢查了。不料，醫生說患了皮膚癌，非趕快手術治療不可。岸本教授隻身在美國，沒人可以商量。

有一天，他回到宿舍，夜晚洗個澡後，就上床昏昏欲睡，讓他忽然覺得死亡相當於一片黑暗，眼見這個黑暗天地正向自己衝著來。死的漆黑似乎要吞沒自己。他的身體忽然起了恐怖。這是他自己吐露的體驗。

一般來說，現代人習慣把生與死分開來思考，難怪面對死亡時，會覺得非常害怕，其實，人原來不一定持這種看法。雖說死是從外面前湧而來，實際上，死不是從對面跑過來，而是從我們身體跑出去的東西。當然，患病與衰老正是這樣。有時候，我們似乎有必要認為疾病、衰老和自己，是形成一種境界的存在。

把老境活躍起來——若能這樣，自然不太會在意衰老的事實了。同時跟死亡合而為一，所謂決心一死的覺悟，意指自己即是死亡，那麼，死就沒有什麼好怕了。佛教裡，一直把這種論點叫做生死一如。

且說舍利弗把釋尊最先講的方便教理，當做真實教法來修行，才得到阿羅漢果，之後，又依照「未曾聽佛說過的」教法來修持，才好不容易得到佛子的自覺。結果，他吐露：「今日乃知真是佛子，從佛口生，從法化生，得佛法分。」「從佛中口生，從法化生」的意思是，透過佛陀的說法，才有了佛子的自覺。舍利弗又重新用偈語，談到自己有了佛子自覺。因為這些偈語都是重頌，只好摘取幾首來誦讀體會。

無漏難思議　令衆至道場
我本著邪見　為諸梵志師
世尊知我心　拔邪說涅槃
我悉除邪見　於空法得證
爾時心自謂　得至於滅度
而今乃自覺　非是實滅度

舍利弗說，自己以前是執著邪見的婆羅門（梵志）中，即最有代表性的思想家——邪見指錯誤的觀點，佛教裡，意指那些否定因果的人，尤其等於邪見之最邪者。後來，舍利弗皈依釋尊，透過空法的了解，才開悟而後證得阿羅漢果。在這方面，舍利弗還以為得到滅度了。當他明白〈方便品〉的教法以後，始知那一點兒也不是真實的滅度。

總之，舍利弗所得到的終究屬於阿羅漢的滅度。這樣一來，就出現了一個問題——阿羅漢果與大乘菩薩的修行之間有什麼關係呢？

所謂輪迴世界，是指死後又能投胎轉世的世界。我們這群人都執著於生命，連一分一秒都想多活下去，心裡始終念念不忘這一點。正因為太執著生命，直到最後的分秒，才會再度投胎轉世。倘若肯捨棄對生命的執著，早就不會投胎轉世了。所以，生命的最後一念非常重要，古人很重視「臨終正念」這回事。

總之，輪迴世界是慾界、色界和無色界等三界。慾界有肉體，由感覺性慾望組成的世界，色界雖然有肉體，卻是遠離各種慾望，所謂諸神的世界，而無色界沒有肉體，只有心在活著的世界。大概說來，煩惱在讓我們輪迴——。

所以，只要斷了煩惱，自然也沒有輪迴。舍利弗認為自己成了阿羅漢，因為斷盡一切煩惱，才會從輪迴世界，進入滅度世界裏。

但有一個「界外」，那是指離開三界這個輪迴世界的某個世界，而那個界外不是涅槃。例如，阿彌陀佛的西方淨土，就屬於那個世界，所以，那裡沒有生死，但不能說生到西方淨土，就等於涅槃了。即使生在極樂世界，也仍要再修行，結果才能成佛。界外有形形色色的世界，例如方便有餘土即是。

這是指在那塊方便土上再修行，可得真實的佛果，雖然脫離三界，也還有餘，意指到那種境界也還要繼續修行。方便有餘土與極樂淨土有何關係呢？談到這裡暫且打住。反正單單脫離三界，並不是真實的涅槃。

且說三種惑是見思惑、塵沙惑和無明惑，所謂見思的惑，也叫做煩惱，若要脫離輪迴世界，就必須斷盡一切見思惑，只有這樣才能成為阿羅漢，可惜還不夠資格成佛——。這樣就剩下塵沙惑了。若要成佛，就必須要得到一切智，若要得到一切智，就一定要通曉各種世間事情。原因是，成了佛陀要救度一切衆生時，自己一定得有各種世間的學問。另外，也一定要切斷無明之惑（叫做根本無明，或不共無明）。

這是迷惑，目前迷惑的人，自己也不知道迷惑是怎麽回事？若要自己從最根本的迷惑中出離，也真夠困難的。

菩薩是出離生死與輪廻兩個世界，而生活在界外的方便有餘土去繼續修行，結果才成了佛。因此，舍利弗認為除去一切邪見，斷了煩惱，才能證得滅度，殊不知到了這種境界，始知不對勁了。

換句話說，早已證得阿羅漢果的舍利弗，重新改變心態，才去界外有餘土修行菩薩道。這也是有了佛子的自覺，才能有這種念頭。

爾時佛告舍利弗。吾今於天人沙門婆羅門等大衆中說。我昔曾於二萬億佛所。為無上道故常敎化汝。汝亦長夜隨我受學。我以方便引導汝故生我法中。舍利弗。我昔敎汝志願佛道。汝今悉忘。而便自謂已得滅度。我今還欲令汝憶念本願所行道故。為諸聲聞說是大乘經。名妙法蓮華、敎菩薩法佛所護念。

舍利弗。汝於未來世過無量無邊不可思議劫。供養若干千萬億佛。奉持正法。具足菩薩所行之道。當得作佛。號曰華光如來應供正遍知明行足善逝世間解無上士調御丈夫天人師佛世尊。國名離垢。

此段說明舍利弗明白了大乘菩薩的修行，才得到將來會作佛的授記。釋尊預言他在未來世會叫做華光如來佛。釋尊此次授記，也足以證明舍利弗的確有了佛子的自覺。

爾時四部衆。比丘、比丘尼、優婆塞、優婆夷。天龍、夜叉、乾闥婆、阿修羅、迦樓羅、緊那羅、摩睺羅伽等大衆。見舍利弗於佛前受阿耨多羅三藐三菩提記。心大歡喜踊躍無量。各各脫身所著上衣。以供養佛。釋提桓因、梵天王等。與無數天子。亦以天妙衣、天曼陀羅華、摩訶曼陀羅華等。供養於佛。所散天衣。住虛空中。而自迴轉。諸天伎樂、百千萬種。於虛空中、一時俱作。雨衆天華。而作是言。佛昔於波羅㮈初轉法輪。今乃復轉無上最大法輪。

這裡談到舍利弗得到釋尊的授記，預言以後會成佛作祖，也讓在場聽衆皆大歡喜，雀躍不已。天龍和摩睺羅伽叫做天龍八部衆，屬於護持佛法的善神，經常出現在大乘佛經裡。

天是指天人和諸神。諸神包括形形色色的神，有些像男女性別一樣，例如，男神與女神等，都在欲界天，叫做六欲天。意指欲界的天人分成六類。在欲界的上部有色界與無色界，其間又有清淨諸神。龍住在河水裡，有降雨的能力。

在印度，乾旱時期相當嚴重，因為他們屬於農耕社會，所以，有無下雨關係百姓的死活，堪稱重大的社會問題。難怪印度人都很相信龍神。夜叉又譯作鬼。乾闥婆（gandharva）的原字是指香，故又譯作尋香。吃香的神，即是掌管音樂的神。

阿修羅的原字是非天的意思，即不是天人，本來屬於伊朗地方的最高神 ahura，傳入印度後，列為宗神之神，原屬有力之神，跟諸神形成敵對關係，後來被趕出諸神世界，就潛入海底去建造宮殿了。阿修羅為了奪回被佔領的天界，才屢次跟帝釋天作戰，這是很著名的神話，他在古印度宗教裡扮演惡神的角色。

不過，他在佛教裡卻擔任佛法守護神的任務，而被列為善神，相當於天人的地位。阿修羅是 asura 字的音譯。

迦樓羅是 garuḍa 的音譯。它本來是一隻巨鳥，叫做金翅鳥，性愛吃龍。實際上有一種鳥叫做孔雀，牠會吃毒蛇，在印度，孔雀會幫人看守毒蛇，原始佛教提到有人念唱孔雀明王的咒文，恐怕金翅鳥這種虛構的鳥類，也是從孔雀想出來的吧？

緊那羅是 kimnara 字的音譯，意指人非人也。nara 字的意思是人，而 kim 是疑問詞。總之，那是很類似人的東西，但又不是人類——這種含意叫做緊那羅。他也是音樂之神。還有上述的乾闥婆也是音樂神，他主要在奏樂器，而緊那羅的角色是配合音樂在歌舞。依靠這三項要素才能組成伎樂。

摩睺羅伽是 mahoraga, mahā urga 字的音譯。urga 是指蛇，但蛇沒有腳。只靠腹部的鱗移動，所以，摩睺羅伽也意譯成大腹行。

起先，天龍八部是各種有情衆生，得到佛法的熏陶而皈依真理，也成為守護佛法諸神。這群天龍八部跟比丘、比丘尼、優婆塞、優婆夷等，並排在佛前，他們也高興舍利弗得到釋尊的預言說，將來會成佛作祖。

乾闥婆的原字 gandharua，也含有「中有」的意思，佛教認為我們的輪迴依照本有、死有、中有和生有等順序。本有指我們現在生存的狀態。死有即是死，但佛教的死決不是虛無，而是由於死才能投胎轉世，而得到新的生存——。

所以，這不是單純的死，才叫做死有。死有之後是乾闥婆，即是中有狀態。換句話說，那是指下輩子投生到何處，還沒有決定的狀態。據說其間有七天壽命。在中有狀態裡，當然要找尋下輩子的生存了。在這七天裡，倘若不能找到下輩子的去處，壽命又能延長七天——反正最大期限有七七日，也就是四十九天裡要決定下輩子的去處。這種中有也叫做中陰，從此演出某種風俗——那些死者家屬為了想讓死者，能出生到更好的地方。就會誦經七天七夜，厚積功德，藉此回向給死者。

由此可知，我們的輪迴轉世是依照本有、死有、中有和生有等四個階段——佛教認為人類的生存呈圓環關係。

反之，西洋人的觀點是直線型。不論如何，直線的觀點總會有盡頭或走不通的時候。俗話說進步，無限進步的情形相當困難，例如，現代文明各方面非常進步，殊不知能源的損耗與兵器發展，對人類和其他生物帶來的巨大威脅，也給未來投下陰影，這是不爭的事實。依我看，我們有必要懷有循環生存的觀點才好。

例如，動物靠呼吸活動吐出二氧化碳，植物反而會吸入二氧化碳，排出氧氣。這樣才形成循環世界，動植物也才能永遠生存下去。

反覆的情狀如果存在人類的日常生活裡，雖然相當無聊，殊不知人類的生存方式基本上，應該要有這套圓環的想法才對，而且十分重要。由此看來，乾闥婆這個字，也含有死後得以新生那個中有的意思。

——各各脫身所著上衣，以供養佛。

上衣是印度人的衣服。印度人通常叫做三衣，即上衣、下衣和外衣三種衣服。其中以上衣為主。在中國和日本，叫它袈裟（例如，上衣叫做七條袈裟，而下衣叫做五條袈裟）。古代人把衣服看成非常貴重的東西。縱使只有一丈布，也花費許多辛勞——先要播下棉種子，讓它開花，待棉花收成後，紡成棉紗，之後才能織布，頗不簡單。因此，布施布料，也算很大功德，相當於供養。

在『法華經』這一集會裡，大家蒙受佛陀的教法，皆大歡喜，而忍不住將穿在身上的上衣脫下來獻給佛陀了。

——（諸天說）：「佛昔於波羅㮈初轉法輪。今乃復轉無上最大法輪。」

波羅㮈即是現在的貝納雷斯，該市郊外的鹿野苑，是釋尊成道後最先說法，開始傳道的所在。佛教史上，把鹿野苑的說法，叫做「初轉法輪」。依大乘佛教看來，釋尊的初轉法輪（四諦八正道的教法）完全是新的教理，故稱為第二次轉法輪。尤其，在那裡講授『法華經』，更看成第二次轉法輪了。那就是『法華經』的信徒們，都懷有很大的自覺與自信，而認為『法華經』才是真正代表大乘佛教的教法。

爾時舍利弗白佛言。世尊。我今無復疑悔。親於佛前、得受阿耨多羅三藐三菩提記。是諸千二百心自在者。昔住學地。佛常教化言。我法、能離生老病死。究竟涅槃。是學無學人。亦各自以離我見及有無見等。謂得涅槃。而今於世尊前聞所未聞。皆墮疑惑。善哉世尊。願為四衆說其因緣令離疑悔。

在證得內心自在的人群中，有五千名增上慢的比丘們，仰賴『阿含經』的教法，理解釋尊的旨趣而開悟了，自覺不必再聽法華的義理，就在佛前告退了（序品），但有一千二百名聲聞弟子們，仍然停在座上聆聽法華一佛乘。他們也認為自己脫離我見，與有無之見，早已得到涅槃了。

在此，不妨討論一下究竟（完成）涅槃時，怎樣「離開我見」與「有無之見」的問題——。我們統統都有「我見」。那就是在日常生活裡，常常有「我」與「他」的意識在作祟。我見是執著實我之見。由於明確地區別自己的東西，與別人的東西，而我們日常生活或社會才能形成。同時，正因為有了我見，才會生起我們的苦惱。這樣一來，釋尊才會講述「無我」。雖然，我們在生活現實裡都認為有自我，而釋尊卻否定了它。原因是，人是不停地變化，而沒有實我。

當然，這是相當複雜的問題。現在以上大學讀書為例子，倘若讀了四年大學，照理說會得到進步。但在另一方面，如果入學時的自己，跟畢業時的自己完全不一樣，情況恐怕不妙啦——。那就是一面希望讀四年大學，可以開發自己的潛能，但又不希望自己有什麼改變，最好跟自己入學時候一樣——。

諸位今天學佛，總想能比現在的自己好一些，但心裡又不想改變原來的自己。換句話說，我們內心都存在這種自我矛盾。然而，無我的教說指出人類基本上還是在變化。有人懷疑佛教完全否定自我嗎？其實不是。不過，執著自我卻會生起苦惱。

遠離有無之見——。就像壽命或有或無一樣，我們用「有」與「無」兩種想法，支配日常生活的一切。有時信念很堅強，卻突然化為烏有，而覺得萬念俱灰——。眼前明明有的東西，我們卻很難想像成它那天會消失？

總之，像既非有，又非無似地掌握事物是相當不容易的。在佛教裡，則用「中道」一語來表示這種情狀，佛教主張中道的態度才是人生的要項。

例如，自己的壽命不是永遠存在的。所以，我們要懷著非有的想法。同時，也不是眼前沒有生氣，所以，也有必要懷著非無的念頭。雖然，我們平時活在有無之見裡，但是，說有是一種極端，說無也是一種極端，不要偏向有無兩極端的任何一邊，才能完全掌握人生，這就是非有非無，亦有亦無的中道教說。

有些修行者親近慣了初轉法輪以後的四諦八正道，才能遠離上述的我見與有無之見，難怪他們很難理解一佛乘的法華教義，才一直抱著疑悔的念頭。在這種情況下，舍利弗才央求釋尊驅除這些人心裡的疑惑。

佛陀在舍利弗的懇求下，終於用譬喻說明一佛乘的旨趣。這時候，釋尊重述佛陀的教說，就是要讓世人證悟佛果的東西，而且重新強調法華的一佛乘，也是為了要使菩薩證悟。這一點已在〈方便品〉裡反覆說過了，例如，釋尊這樣表示：「諸佛如來，但教化菩薩，諸有所作，常為一事。」

且說〈譬喻品〉有羊車、鹿車、牛車、大白牛車等譬喻，前段談到一位長者（巨商）家裡起火，不料，他的一群子女在家裡玩得起勁，根本不知火勢猛烈，處境危險。這是指我們居住的世間，彷彿「火宅無常的世界」。雖然生活在火宅裡，卻又很愛著它，一分一秒也捨不得離去——這正是我們的實際情況。

長者正在尋思，到底有何計策可讓家裡的孩子們逃離出去呢？因為孩子們玩得不亦樂乎，根本不理會火災的問題——。怎樣讓他們離開火宅呢？長者終於心思一計了。不消說，這位長者是指釋尊，而孩子們是指佛弟子或芸芸衆生。

依照佛經上說，這位長者有「財富無量，種種諸藏，悉皆充溢。」這意謂釋尊的功德無量，不論給予衆生多少功德都無窮盡，而這位長者屬於商人階級，卻用來譬喻釋尊，關於其中的背景不妨稍微說明一下。

當『法華經』出現的時代，印度的商人階級有極強大的力量。他們不僅在國內經商，也遠到埃及、腓尼基，甚至到中國長安來經商和貿易，並且獲利頗豐。實際上，大部份經商的人，都是佛教徒。

馬利雅五朝的阿育王，早在紀元前三世紀就統一全印度，也竭盡保護佛教的責任，這是衆所周知的事。阿育王去世後不久，大約紀元前一八〇年前後，馬利雅王朝就滅亡了。之後，到紀元後三二〇年左右，始由古普達王朝再度統一全印度。

但這個王朝強而有力，也極端重視王權。換句話說，國王的統治權是神聖的，也認為天與神授。

不料，佛教裡沒有這種念頭，致使古普達王朝不得不以婆羅門教為國教了。這樣一來，商人們一向經商的權利，就得受到國家的控制了。這也是國王的權力範疇。由於國家直接通商，坐收利益，致使一向繁榮富庶的長者階級，和商人階級都沒落下去。誠如前述，曾有許多佛教徒參與商業活動，佛教教團也幸蒙他們實際上的支援，現在古普達王朝的施政策略，才使商人階級沒落，這一點也是造成印度佛教失勢的重大原因之一。

但『法華經』出現在紀元二世紀左右，商人階級尚有巨大的勢力。當時的生活富庶，這樣才會將長者譬喻為釋尊。

爾時長者即作是念。此舍已為大火所燒。我及諸子。若不時出。必為所焚。我今當設方便。令諸子等得免斯害。

父知諸子。先心各有所好。種種珍玩奇異之物。情必樂著。而告之言。汝等所可玩好希有難得。汝若不取。後必憂悔。如此種種羊車、鹿車、牛車。今在門外。可以遊戲。汝等於此火宅宜速出來。隨汝所欲。皆當與汝。

爾時諸子聞父所說。珍玩之物適其願故。心各勇銳。互相推排。競共馳走。爭出火宅。是時長者見諸子等安隱得出。皆於四衢道中露地而坐。無復障礙。其心泰然。歡喜踴躍。時諸子等。各白父言。父先所許玩好之具。羊車、鹿車、牛車。願時賜與。

舍利弗。爾時長者。各賜諸子等一大車。

這段經文可說以『法華經』的立場，來表示所謂釋尊的人格。我們在輪迴轉世的世界執著生活。雖然，許多人無不覺得人生苦也——或因謀生而叫苦連天，殊不知其間也有若干樂趣——這種念頭熾烈地存在大家的內心裡。於是，大家對於怎樣逃離生死輪迴的世界，而前往真實平安的世界都不大有興趣了。

這樣一來，若要讓這些人脫離苦惱與輪迴世界，的確要運用某種方便，而這段經文也談到方便之一種。

那就是長者想出一個辦法——長者知道孩子們以前喜歡的東西（稀奇玩物），故大聲告訴他們外面有那些玩物，趕快出去拿呀，才好不容易把孩子們騙出去了。孩子們喜愛的玩物，其實是羊車、鹿車和牛車等，由三種動物拖著玩的車子。他們一聽到外面有自己的寵物，無不高興地跑出火宅外面了。不料，長者給予孩子們的車子，倒不是三種不同的車輛，而是全都一樣的車子——統統是大白牛車。

所謂羊車、鹿車和牛車，係指聲聞乘、緣覺乘和菩薩乘等三乘教法，而大白牛車係指法華一佛乘。其間，牛車與大白牛車同樣屬於牛拖車，同一與否引起了爭論，尤其在中、日兩國佛教界成了很大問題。

因為『法華經』的思想是一切衆生悉有佛性，所以，若要使這個佛性能夠醒悟，並非聲聞乘、緣覺乘和菩薩乘等不同的教法，而是應該對任何人都說同樣的教法——一佛乘，這才是『法華經』的基本立場。目前，地球上約有五十多億人活著，任何人的生命都很尊貴，不能被其他東西所取代。為何這樣呢？如果從佛教的觀點說，那是人人皆可成佛，即佛性平等，這是一項精神的真理。讓大家都能自己覺悟這種佛性，正是法華的教法，而這裡卻將它譬喻為同樣與大小均一的大車——大白牛車。

至於火宅裡的孩子們都喜愛羊車、鹿車和牛車，現在統統被分配到同樣大小而優美的大車，內心無不充滿前所未有的喜悅。當然，這是比期待更好的東西。

舍利弗。於汝意云何。是長者、等與諸子珍寶大車。寧有虛妄不。

舍利弗言。不也、世尊。是長者。但令諸子得免火難。全其軀命。非為虛妄。何以故。若全身命。便為已得玩好之具。況復方便於彼火宅而拔濟之。世尊。若是長者。乃至不與最小一車。猶不虛妄。何以故。是長者先作是意。我以方便、令子得出。以是因緣。無虛妄也。何況長者。自知財富無量。欲饒益諸子等與大車。

佛告舍利弗。善哉善哉。如汝所言。舍利弗。如來亦復如是。

釋尊開悟以後，到處弘法四十年，致使無數的衆生都想脫離輪迴世界，追求涅槃的安樂。這方面可從〈譬喻品〉上所說，孩子們逃離火宅的故事顯示出來，雖然，長者跟孩子們說好，只要跑出去，就會給予羊車、鹿車和牛車等形形色色的車輛，不料，待他們走出房屋外面，反而都給他們同樣大小和樣式的車輛。這樣一來，難免有人懷疑，結果豈不是言不由衷，不符合承諾嗎?

釋尊覺悟以後，在長達四十年間，一直開示聲聞乘、緣覺乘和菩薩乘等不同教說，不料，到了目前反而講到佛性的自覺——一佛乘教法，在這種情狀下，上述三種教說，自然跟『法華經』所談的教理有些差異，這就成了大問題。直截了當地說，倘若法華一佛乘屬於真實的教法，那麼，以往四十年所說的三種教說，豈非虛妄不實在嗎?那就是指『法華經』所謂三乘方便，一乘真實，的確是極艱深的問題。現在正是探討這一點。當然，舍利弗依據自己的了解，指出這不是虛妄。因為釋尊為了要使芸芸衆生逃出火宅，才不得不提示以前三種教說，而決不是虛妄之談——。惟一的理由是，離開火宅，無異已經得到殊勝的教法了。答應給予羊車、鹿車和牛車等三類車，才能讓他們離開火宅，顯然，這個意思相當充份了。

雖然，舍利弗不認為『法華經』以前的教說，等於虛妄之實，倘若從接受教理的立場來說，會牽涉方便與真實的問題——到底那個才是釋尊的真實教理呢?可是，這個答案不易解決。尤其，這在中、日兩國佛教徒之間也有極大的爭辯。整體來說，釋尊所以會出現人間，並非像我們這樣係因為上輩子的業果。他所以來到世間，能夠證得無上正覺，純粹為了解救眾生的生老病死，和五欲引起的苦惱問題。更不用說他不是為了講述聲聞乘、緣覺乘和菩薩乘等三項教說，才出生到娑婆世界。因此，方便說無論如何少不了。

那麼，方便是什麼呢？這一點已在〈方便品〉裡提過，誠如「方便與真實」所說，方便的意思是，方便裡含有真實，或是為了達到真實目的，才不得不做的準備與順序。許多人完全不懂佛教，倘若一開始講述「一切眾生悉有佛性」的道理，他們的確難以理解，同樣地，如果突然談到真實教法，許多人也會覺得不知所云。總之，『法華經』的立場是，釋尊發現眾生聽完三乘的不同教理，總算對佛法有了基礎，之後才開示一佛乘的教理。

見諸眾生為生老病死、憂悲、苦惱之所燒煮。亦以五欲財利故、受種種苦。又以貪著追求故。現受眾苦。後受地獄、畜生、餓鬼之苦。若生天上及在人間。貪窮困苦、愛別離苦、怨憎會苦。如是等種種諸苦。眾生沒在其中。歡喜遊戲。不覺不知不驚不怖。亦不生厭。不求解脫。於此三界火宅、東西馳走。雖遭大苦。不以為患。舍利弗。佛見此已便作是念。我為眾生之父。應拔其苦難。與無量無邊佛智慧樂。令其遊戲。

這一段直截了當表現佛陀對眾生的看法。五欲指色、聲、香、味和觸等五項妙欲。色欲指肉眼所見，都是欲望的對象；聲欲指耳朵聽到的，也無不是慾望的對象。總括來說，凡屬感覺性的慾望對象，都被歸納到這五項裡了。雖然，這些都是我們現實生活的需要，殊不知這些東西也讓我們貪求無厭、苦惱叢生。儘管情況如此，我們也照樣沈迷在這種日子裡，同時想要找尋快樂——。這就是衆生的本來面目了。

惟因如此，釋尊才大力主張如何救渡苦惱的衆生，給予人生的真正喜悅？從此不難發現釋尊的慈悲何等明確，反正釋尊希望向芸芸衆生開示——邁向理想生活的惟一途徑，就是給予真正的幸福，而『法華經』正是屬於這方面的內容。可惜，我們始終無法真正明白人生的根本苦惱為何物？所以，釋尊的目的，在於明示人生的根本苦惱，而釋尊慈悲的意義，就是要使大家都能注意到這一點。依我看，這才是〈譬喻品〉的最大目的。

如來以是方便。誘進衆生。復作是言。汝等當知此三乘法。皆是聖所稱歎。自在無繫。無所依求。乘是三乘。以無漏根、力、覺、道、禪定、解脫、三昧等。而自娛樂。便得無量安隱快樂。

自在是指自由自在，習慣上，我們總以為用錢方便，不會捉襟見肘，或者擁有很大權力，自然能夠生活自在，其實絕對不可能。原來，我們都不得不生活在一種相對性的世界裡，也就是所謂社會現狀，不料，我們一面活在這種世界，也一面要求自主的生活，換句話說，大家都想有一種不要跟別人比較的生活——這樣才有自在可言，結果才能開拓自由自在的世界。

這時候，人類有必要某種依靠。現代人好像失去了這種依靠的樣子。依我看，這就是對世界缺少平等相待的討論根據。換句話說，沒有信念。自己若沒有絕對的宗教真理或價值之類的東西，就無法在對方面前維持自己的立場。這時，自在就含有非常重要的意義了。處在相對世界中，自在一面擁有相對的存在，自己也能連貫本身信仰的生活方式——這即是自在。總之，自己若找不到生活價值，情況就非常不妙了。自己活在人間，不斷聆聽別人教訓生活意義，那是得不到自在的日子。

無繫是指無拘無束，而束縛我們的東西，恐怕就是死亡了!?對人類來說，死亡無疑是最大的恐怖，而恐怖死亡即是我們的束縛——。真正脫離這種束縛的狀態，即是無繫。如果對外界有所祈求，那就不可能得到自在了。經文上說「無所依求」，只有這樣才能展開自在無繫的境界。我們內心若無真正的滿足，則不論如何也得向外界找尋了。釋尊出世的本懷，就是讓愚癡的衆生在這樣無休止的連環中清醒。

『法句經』上說：「無病最上利，滿足最上財，信賴最上親，涅槃最上樂。」例如，某人擁有百億財富，如果心裡不能滿足，結果與窮人何異呢?物質上的東西沒有界限。只有在自己生活中找到滿足，才算最大的財富。

無漏的根、力、覺與道——。漏是從我們心中漏出外面的東西。平時我們雖然沒有這種心情，但若看見路邊有人掉了昂貴的東西，刹那間心裡難免會流出一種念頭——將它佔為己有。縱使眼前沒有慾望或憤怒，但偶而也會從心裡流露出來，這叫做漏，也是煩惱。沒有這種情狀的無漏根與力，計有信、精進、念、定、慧等五項。這些叫做五根五力。植物靠著根，才能從地下吸收養份與水份，而後得到成長。因此，根才是讓植物成長的力量。那麼，我們也得仰賴信、精進、念、定、慧等五種根的力量，才能維持身心的成長。

「信」叫做心的澄淨，讓我們汚濁的心不斷澄淨的活動。信仰佛陀——若有『法華經』的話，那麼，我們只要專心念佛，努力在心裡觀想『法華經』開示的佛陀慈悲，這樣一來，自己的心會得到同化，自然成為清淨的東西——。凡有這種力量的東西，就是「信」字——信是使我們得以成長的根本。「精進」即是努力。鞭策自己的心，向目標前進，努力追求成就——。這種精神力量也是根。「念」是不要失去正念，這一點很重要。「定」叫做心一境性，聚集全力在某個對象上面，叫做定力。據說心的表層要靠禪定力量來潤澤，煩惱才不會在心的表面上出現。因為定會這樣使我們的心成長，故叫做根。『法華經』說我們心中有佛性，我們心裡具有連自己都不知道的不可思議之力——。那麼，這股力量要靠什麼才能發揮出來呢？只有聚集精神才得以發揮。「慧」是智慧，智慧也有極大的力量，叫做慧力，因為這是一種能使自己向上發展的力量，故宜叫做根。

舍利弗。若有衆生。內有智性。從佛世尊聞法信受。慇懃精進。欲速出三界。自求涅槃。是名聲聞乘。如彼諸子為求羊車。出於火宅。

若有衆生。從佛世尊聞法信受。慇懃精進。求自然慧。樂獨善寂深知諸法因緣。是名辟支佛乘。如彼諸子為求鹿車。出於火宅。若有衆生。從佛世尊聞法信受。勤修精進。求一切智、佛智、自然智、無師智、如來知見、力、無所畏。愍念安樂無量衆生。利益天人度脫一切。是名大乘。菩薩求此乘故。名為摩訶薩。如彼諸子為求牛車。出於火宅。

這一段概括三乘的內容，之後，釋尊又簡介有關三乘教理，同時以羊車、鹿車和牛車等做譬喻。

聲聞乘的人聽聞佛陀的四諦法，以它為皈依，努力修行，企圖脫離苦的世界與迷界，他們好像長者一樣，逃出火宅，想要拿羊車——。經文上說：「自求涅槃」，這是明白表示自利優先的立場，因為一般人都批評聲聞乘一向缺乏利他精神。另在梵文本也提到聲聞乘，被譬喻為那群要拿鹿車的孩子們。

其次為辟支佛，聽聞信受佛陀的十二因緣，總想覺知無明、行、識、名色、六入。觸、受、愛、取、有、生、老死等迷界的十二項因果關係。十二因緣也稱為自然法則，經文上說「從佛世尊聞法信受」，凡從這套自然法則所得來的智慧，並非別處老師能夠教導的東西，而是完全靠自學得來的自然道理。

辟支佛為音譯名詞，來自原字的 Pratyeka-buddha。至於是不是真正如此，那就不清楚了，因為也有人說原字是 pacceka。現在的梵文本『法華經』的確有 Pratyeka 字，但譯者鳩摩羅什所看到的『法華經』裡，也許是 Pratyeka-buddha 字。倘若事實如此，那麼，鳩摩羅什才將它全都譯為辟支佛。倘若要意譯，那麼，Pratyeka 的 Prat 是「對」，而 yeka 是「一個」的意思，即獨自覺悟，譯為「獨覺」。如果辟支佛的原字是 Pacceka-buddha，那麼，意譯是從 pacceka（緣）字衍生出來，故譯成「緣覺」。就是把十二因緣叫做「覺」了。鳩摩氏全都用辟支佛這個不清楚的字翻譯，所以，原字很難確定，不過，這個辟支佛乘是學習佛教的第二立場。在此被譬喻為想要拿鹿車，才跑出火宅的孩子們。

最後的大乘（佛乘）是一群聽聞佛陀的六波羅蜜，同時付諸實踐，並想追求一切智，如來十力或四無所畏的人們。其間談到這群菩薩一面追求上述的東西，也一面憐憫芸芸衆生，努力實踐這些教理，才叫做摩訶薩。摩訶薩是 Mahāsattva 字的音譯，意思是偉人，譯作「大心有情」、「大士」等詞。他們站在佛教的第三種立場，而『法華經』將他們譬喻為想要拿牛車，才跑出火宅的孩子們。

然而，那位長者確認了自己的孩子平安逃出火宅以後，卻給予他們大小一樣的大車子。這段的經文是：「初說三乘引導衆生，然後但以大乘而度脫之。」關於這方面，且看佛陀有一番思考——「我有無量無邊智慧、力、無畏等諸佛法藏。是諸衆生皆是我子。等與大乘。不令有人獨得滅度。皆以如來滅度而滅度之。」

以上不妨結束〈譬喻品〉的解說，同時再回顧一下『梁塵秘抄』。在〈譬喻品〉方面，曾經收集六首歌詞。其中一首唱出「四大聲聞」。在〈譬喻品〉裏，只見舍利弗的名字出現，但依照〈譬喻品〉的教說，四大聲聞後來也好不容易理解了法華的真知灼見。歌詞提到「四大聲聞」，只是巧妙誘導四大聲聞，這叫三周說法的譬喻。

所謂三周說法，就是依照聽聞者的素質，採用法、譬喻和因緣三者來反覆說明相同的教理。法說是〈方便品〉裡，只談理論性教義，而舍利弗聽了卻能馬上領悟法華一佛乘的真意。可惜，四大聲聞聽了法，只接觸理論性教義，依然無法理解，如今聽到〈譬喻品〉的教理，才好不容易深入一佛乘的意思。之後，在譬喻裡因為不能得到勝解，才不得不開示因緣，即過去世的故事——。在三周說法裡，這就是依據聽聞者的機根，才把『法華經』的跡門分成三段。總之，靠法說而覺知的人，屬於上根的聽聞者，而靠譬喻才能覺知的人屬於中根，之後，靠因緣才能深入理解者，即是下根。

四大聲聞是指須菩提、迦旃延、大迦葉、目犍連等四位比丘，他們是在〈信解品〉第四開始出現的一群佛弟子。

第四章　諸類譬喻（信解品第四、藥草喻品第五、授記品第六）

『梁塵秘抄』搜集兩首歌詞，代表「信解品二首」。其中一首的大意是，一位富裕的長者，不論財產與權勢都足以匹敵國王，平時穿戴鑲有寶石的衣服。無奈，他這樣高貴的打扮，反而讓窮困的兒子害怕，而失去對長者的親情——。於是，長者只好脫下昂貴的服裝，改穿破舊衣服，表現可憐兮兮的樣子，才好不容易接近窮困兒子。這首歌詞頗能表現〈信解品〉的內容，可見平安朝代的人們多麼精通『法華經』。

大體上說，不論我們之間的關係多麼親密，也沒有辦法完全了解對方。這樣一來，在我們日常生活裡，為了建立人際關係，信任與信賴就成為非常重要的因素了。無如，信不是盲目的東西，其中一定要含有了解才行。

總之，倘若信賴得愈深，雙方的理解也會更深，這才是佛教所要追求的信。信佛或信法都要這樣，只有信佛才能自然地了解佛的存在——。這即是「信」字在佛教的詮釋。

具有上根的舍利弗，接受『法華經』〈方便品〉的教理，很快能夠理解，也能自覺到自已是佛子。之後，釋尊也預言舍利弗將來會成為華光如來，至於中根的四大聲聞，聽受〈譬喻品〉的教法後，終於了解釋尊浩翰的慈悲心，也自覺能夠當佛子。於是，釋尊預言他們以後會成佛，他們聽了皆大歡喜——這就是〈信解品〉的內容。

爾時慧命須菩提。摩訶迦旃延。摩訶迦葉。摩訶目犍連。從佛所聞未曾有法。世尊授舍利弗阿耨多羅三藐三菩提記。發希有心。歡喜踊躍。即從座起整衣服。偏袒右肩。右膝著地。一心合掌。曲躬恭敬。瞻仰尊顏而白佛言。我等居僧之首。年竝朽邁。自謂已得涅槃。無所堪任。不復進求阿耨多羅三藐三菩提。世尊往昔說法既久。我時在座身體疲懈。但念空無相無作。於菩薩法、遊戲神通。淨佛國土。成就衆生。心不喜樂。所以者何。世尊。令我等出於三界。得涅槃證。又今我等年已朽邁。於佛教化菩薩阿耨多羅三藐三菩提。不生一念好樂之心。我等今於佛前聞授聲聞阿耨多羅三藐三菩提記。心甚歡喜。得未曾有。不謂於今。忽然得聞希有之法。深自慶幸獲大善利。無量珍寶不求自得。

須菩提極通曉空的思想，迦旃延對於論議非常卓越，都能分析和解析釋尊的教法。釋尊入滅以後，由迦葉負責佛教團的事，他對於佛教以後的發展極有貢獻，而目犍連有卓越的神通，以上幾位都是釋尊座下的重要弟子。他聽了〈譬喻品〉的教理，得到前所未有的感受，也體會到佛陀的慈悲了。

上述四大聲聞向釋尊坦白表示，雖然自己斷絕了煩惱，證得阿羅漢果了，但不想進一步渴求佛果，只有思念空、無相和無作。所謂空者，所有的人都一樣，例如，我們人類的本性無不相同。乍見下，亞洲人、歐洲人和美國人的確有些差異，但在人性方面卻毫無區分，有時只因人種的偏見，才會讓人難以理解上述的本質現象。那麼，由於本性同等，才會沒有自我——。如果大家各自主張自我，當然就不會相同了。我們一面要能自覺所謂人類共同相這種普遍性質，另一面也要認同其他普遍性的存在，這才是空，無相與無作的意思。反正『法華經』的觀點是，空、無相與無作的修行，才是聲聞的教理。

其次要談到菩薩法，那是遊戲神通，清淨佛國土，成就衆生——。其實，很難真正把握所謂神通遊戲這件事，因為它含有一項問題是，如果達到目的，結果會怎麽樣呢？像釋尊一樣，如果到達阿耨多羅三藐三菩提的無上證覺，那麽，他再也不能向上發展，或者不再有向上發展的空間了。

這種人生活可以悠哉悠哉，無拘無束；我想，神通遊戲大概表示這種境界吧？當然，釋尊站在自利利他的平等立場，救渡天下蒼生，這種事業堪稱無邊無量。意指所有衆生沒有救出來，佛陀的事業就不能結束，倘若過份拘泥於此，反而會失去證覺。所以，釋尊的生活悠哉悠哉，不會被事物所拘泥，依我看，這才要用神通遊戲一詞來形容。

本來，四大聲聞無法靠自己的能力徹底完成菩薩的修行，以為那是跟自己無緣的教法，如今聽到『法華經』〈譬喻品〉的道理，始知自己即使沒有蒙受佛陀的慈悲，也照樣能夠實踐菩薩行，才忍不住大大歡喜起來。四大聲聞的歡喜心情，顯示在以上的經文裡。

所謂希有之法，意指極難聽得到的教理，具體地說，就是指〈方便品〉與〈譬喻品〉的教法。之後，這項教法被譬喻為無量珍寶，求之不得的東西居然得到了，真是歡喜雀躍。一乘指一切衆生皆有佛性的自覺。如果站在這個立場上說，佛性即是自己本來俱有的靈妙特性，而不是向外界找來的東西。它不是找來的，而是來自人類的平等性，或領悟到自己有一種天生的奧妙潛能。

世尊。我等今者。樂說譬喻以明斯義。譬若有人年既幼稚。捨父逃逝久住他國。或十二十至五十歲。年既長大加復窮困。馳騁四方以求衣食。漸漸遊行遇向本國。其父先來。求子不得。中止一城。其家大富。財寶無量。金銀、琉璃、珊瑚、虎珀、頗梨珠等。其諸倉庫悉皆盈溢。多有僮僕臣佐吏民象馬車乘牛羊無數。出入息利乃遍他國。商估賈客亦甚衆多。時貧窮子。遊諸聚落。經歷國邑。遂到其父所止之城。（中略）

窮子見父有大力勢。即懷恐怖。悔來至此。竊作是念。此或是王。或是王等。非我傭力得物之處。不如往至貧里。肆力有地。衣食易得。若久住此。或見逼迫。強使我作。作是念已。

疾走而去。時富長者。於師子座。見子便識。心大歡喜。即作是念。我財物庫藏。今有所付。我常思念此子。無由見之。而忽自來。甚適我願。我雖年朽。猶故貪惜。即遣傍人急追將還。（中略）

世尊。爾時長者有疾。自知將死不久。語窮子言。我今多有金銀珍寶。倉庫盈溢。其中多少所應取與。汝悉知之。我心如是當體此意。所以者何。今我與汝便為不異。宜加用心。無令漏失。爾時窮子。即受教勅領知衆物。金銀珍寶及諸庫藏。而無悕取一飡之意。然其所止。故在本處。下劣之心亦未能捨。復經少時。父知子意。漸已通泰。成就大志。自鄙先心。臨欲終時而命其子。並會親族。國王、大臣、刹利、居士。皆悉已集。即自宣言。諸君當知。此是我子。（中略）

世尊。是時窮子聞父此言。即大歡喜得未曾有。而作是念。我本無心有所悕求。今此寶藏自然而至。

這段經文藉著譬喻，談到四位大弟子發現芸芸衆生都有平等的佛性，不禁歡喜異常。〈信解品〉的重點無疑在這裡，自古以來，世人都說這段譬喻為「長者疼愛窮兒子」。

且說某人年幼時離開父親，到外面四處遊蕩，雖然年歲漸長，生活卻愈來愈窮困，他遊蕩過許多地方，終於又回到出生的故鄉來了。但是，父親的家裡非常富有，由於經商手腕高明，事業龐大，累積了許多財產。然而，在這段日子裡，他的父親時刻懷念自己的兒子，一直想將家產過繼給兒子。

有一天，這個潦倒窮困的兒子，不知不覺來到自己父親的家門，然而，他暗忖這位富可敵國的父親，不可能僱用自己這樣狼狽的人在家裡，倘若央求他僱用自己，極可能被捉去強迫勞作，於是他又匆匆離去了。

身為父親的長者，一眼看見這個窮小子，就發覺是自己的親生骨肉，不禁十分歡喜。他趕快派僕人去把窮小子追回來，同時僱用他在家做工。時間迅速，在一段相處的日子裡，彼此的親情愈來愈熱絡了。有一天，長者患病，自覺死期迫在眉捷，乃將所有財產交給兒子管理，臨終之際，長者把家人叫到眼前，表示這個窮小子是自己的骨肉兒子。

這一對父子的譬喻，係由父子失散、父子相見、父親追回兒子、管理家產，和繼承家產等五節組成，故稱為「五大要節」。天台大師依據這一點，來建立「五時教判」——華嚴時、鹿苑時、方等時、般若時和法華涅槃時。父子失散譬喻舍利弗等四大聲聞，起初都修菩薩行想要成佛，但到後來都離開大乘的修行了。

在五時教判裡，將它譬喻為佛陀講述『華嚴經』的時期。「父子相見」譬喻為釋尊說明『阿含經』的時期，即透過四諦八正道教導聲聞的情況。父親派人追回兒子，譬喻從『阿含經』進展到方等經典階段；管理家產譬喻佛陀講述『般若經』階段，之後，繼承家產譬喻法的開示，意指佛陀講解法華一佛乘的教理。

這段譬喻是四大聲聞聽了〈譬喻品〉，在佛陀巧妙教誨下，自覺本身也是佛子，就稟告釋尊決心要實踐大乘菩薩行，這個譬喻也主張我們都天生俱備殊勝的佛性，發覺或注意到此項事實，無疑是『法華經』最大的關鍵。經文記載相當誇張，正因為這樣，才能顯示『法華經』出現時代的情況，也就是長者階級的實情。

世尊。大富長者則是如來。我等皆似佛子。如來常說我等為子。世尊。我等以三苦故。於生死中受諸熱惱。迷惑無知。樂著小法。今日世尊。令我等思惟蠲除諸法戲論之糞。我等於中勤加精進。得至涅槃一日之價。既得此已心大歡喜。自以為足。而便自謂。於佛法中勤精進故。所得弘多。然世尊。先知我等心著弊欲。樂於小法。便見縱捨。不為分別。汝等當有如來知見寶藏之分。世尊以方便力說如來智慧。我等從佛。得涅槃一日之價。以為大得。於此大乘無有志求。我等又因如來智慧。為諸菩薩開示演說。而自於此無有志願。所以者何。佛知我等心樂小法。以方便力隨我等說。而我等不知真是佛子。今我等方知。世尊於佛智慧、無所悋惜。所以者何。我等昔來真是佛子。而但樂小法。若我等有樂大之心。佛則為我說大乘法。

這裡明白指出那位巨富長者即是如來，四大聲聞說，自己像佛子，之後又說是真正佛子，自覺能夠當佛子。經文上說到世人迷惑三苦的情狀。三苦是指苦苦、壞苦和行苦。苦苦指出它的本身即是苦，例如患病。壞苦指它損壞就會苦，例如快樂被破壞，因為快樂不能永久持續，一旦遭到破壞，自然變成苦了。行苦指存在即是苦。如我們有情衆生生下來必有死亡——。關於這方面，有人問人類為什麽出生呢？那是為了死才出生的。這一點指出人類的生存有其本質上的缺陷。那麽，我們的努力也是有一天會化為烏有——。

話雖如此，也有人表示人類還是照樣努力。因為人類依然有機會脫離苦或人生的缺陷。那麽，這方面的摸索，無疑是佛教的修行了。

經文上說，釋尊本來開示大乘教法，奈因許多聲聞徒衆妄稱這方面跟自己無緣，才會放棄它而只愛修行小乘教理。後來，四大聲聞終於覺悟佛陀並不是捨不得講述大乘教法。

有道是「外現是聲聞，內秘菩薩行」。意指『法華經』倒不認為小乘教理沒有用處。『法華經』大力主張小乘教法的確不能到達真正悟境，只有菩薩教法才是成佛之道。但是，當舍利弗和四大聲聞等衆人，轉向大乘之際，也認為以前的修行照樣有益處，而決不以為那些等於浪費。以前的修行，照樣從大乘修行裡產生的——。表面上，舍利弗和四大聲聞好像修持聲聞行，實際上，其間含有菩薩行，這叫做「外現是聲聞，內秘菩薩行。」

以上談到四大聲聞透過譬喻，而領悟到大乘的歡喜，之後，照往例作出偈語。因為屬於重頌，故宜省略。這段〈信解品〉用偈文的最後一句「於一乘道，隨宜說三」來作結論。本質上，釋尊置身一乘道，之後，在每個時段開示最適宜的教法，內容有時成為聲聞教理，有時成了緣覺之教，這些也只不過是菩薩的教理罷了——。

如果將這些放在我們日常生活裡思考，那麼，以往的修行並非浪費，我們活在人間，不論怎樣瑣細的事情，在當時情況下，也都有它不同的價值。

誠如上述，機根上等的舍利弗，聽到〈方便品〉的教理，即刻了解釋尊的真意，反之，機根中等的大迦葉等四大聲聞，卻透過〈譬喻品〉的教法，才好不容易領略了一佛乘。然而，在釋尊說法的會場上，還有許多聽聞的衆生，卻還沒有領悟釋尊的教理。於是，在〈藥草喻品〉裡，純粹為了這群人，佛陀一面承認迦葉的領悟（長者父子的譬喻），一面靠「三草二木」的譬喻，明白說出佛陀的平等慈悲與智慧。雖然那是藥草喻，其實，不是特別藥草也無妨，大體上指草木的意思。但是印度人認為食物即是藥品，尤其，把富有營養的草叫做藥草（osadhi）。

印度人對飲食分成四種藥品——時藥、時分藥、七日藥和盡形壽藥。時藥的意思是，在時間內可吃的藥，而藥指飲食。時間內指正午以前，修行者本來只允許在正午以前攝食。攝食叫做「時」，因為攝食時間就這樣規定了。所以，一旦過了正午，在明亮早晨（天空露白之狀）未現以前，叫做非時，依照規定不能攝食。例如，寺廟下午飲食，叫做「非時」。原因是，這種觀念與習慣來自原始佛教以後：「時在正午以前」的規矩。

時分藥是正午以後也可服用的藥，稱為果汁。在印度，先有芒果，之後出現許多果實，而這種果汁不妨從白天開始喝。不過，牛奶不能放進食物裡一齊喝下。七日藥是可以保存七天的好藥。時藥是在正午前去托缽得來的食物。將它留到正午以前吃，剩餘不妨給別人或丟掉。因為在佛教裡，規定不許保存多餘的東西。擁有東西的意思，等於執著人世，依據佛教的基本解釋是，這樣執著生存會產生苦惱，所以，釋尊才禁止儲藏剩下的東西。但是，像舍利弗等人體格衰弱，據說他又有肺病在身。這種病尤其需要充份的營養，像牛油、乳酸類或糖類等食物，當時極不容易得到，所以，若把剩餘物保存七天，也可以隨時服用。

盡形壽藥是壽命結束以前，也可以保存的藥品。因為世人隨時都會患病，狹義的藥品不妨隨時攜帶。像這樣把食物當做藥品的觀點，流行在印度或佛教界。在梵文裡，藥品叫做bhaisajya，但在〈藥草喻〉裡出現的藥物，跟原字不同。

印度人非常重視草及樹林等植物。他們可不像其他國家那樣隨便栽培。印度只有乾季、熱季和雨季等明顯差異，從六月中旬起到十月，大約長達四個月都在下雨。在以後八個月為乾季，根本不下雨——。所以，植物暴出嫩芽也不容易栽培。若想讓嫩芽長大成巨樹，乾季裡必須天天澆水，要費盡苦心。因為生活在這種地方，印度人才會特別重視植物，並且有些宗教把樹木當做神來膜拜，也把草等當做藥物。通常我們把草看成雜草，反而覺得討厭，寺廟作業也多半以除草為主，而印度則不然。目前，一般寺廟幾乎都在戒律中規定草不能剷除。反正〈藥草喻〉裡，並沒有把重點特別放在藥物上面。

在〈藥草喻品〉裡，曾把這些草木分成五類，即小草、中草、大草、小樹和大樹。這些叫做「三草二木」。佛陀的慈悲與智慧，對待天下蒼生一視同仁，事實上，承受的衆生在能力與素質方面都不盡相同。就以草木來說，就有大棵的草和小草，更有逐漸長大的樹，和長不高大的灌木，其所以這樣，係由於各類草木的性質不同。

若以人類來說，亞洲人是黃色肌膚，歐洲人為白色，這些也由於民族性的差異而來的。凡是天生的性質叫做種性，平等灌注的雨量，也會因為種性不同，而使攝受量有所差異。栽培的巨木顯然比小草接受更多雨量——。由此可見，基於各種不同性質，各種草木承受大自然的恩澤以後，才能日漸成長。

上述印度乾季與雨季的情狀，因為大約有八個月沒有下雨，所以，印度人期待雲雨的心情，非同小可。如果不明白印度人對於下雨的認知態度，那麼，想要深入理解〈藥草喻品〉的內容恐怕很困難。

本品裡，佛陀的平等大慧，被譬喻為天上廣闊的密雲。這表示釋尊的智慧或慈悲，滋潤天下蒼生，從雲雨裡蒙受愈來愈多雨水，才能使有情衆生的性命得以維持——。此時，諸類種性蒙得雨水滋潤，無異接受如來的智慧和慈悲，問題是自己到底怎麼生活呢？事實上，人生在世，並非大家都有同樣的能力與素質。正因為這樣，形形色色的個性才會交融相碰，而形成有意義的人生。

光憑這一點，我們就應該依據天生的種性，也就是在父母給予的個體條件下，充實自己的人生。我想，〈藥草喻品〉的內容應該是這個意思。

迦葉。譬如三千大千世界。山川谿谷土地。所生卉木叢林。及諸藥草。種類若干。名色各異。密雲彌布遍覆三千大千世界。一時等澍。其澤普洽。卉木叢林及諸藥草。小根小莖小枝小葉。中根中莖中枝中葉。大根大莖大枝大葉。諸樹大小。隨上中下各有所受。一雲所雨。稱其種性而得生長。華果敷實。雖一地所生。一雨所潤。而諸草木各有差別。

從密雲降下的雨水，遍及整個大地，不論大小植物，全都蒙受平等的灌注，小草蒙受少量，巨幹得到多量的水份。其中有小根、小莖、小枝、小葉，以及大根、大莖、大枝和大葉。關於這一點，聖德太子的註解是，將根、莖、枝、葉等譬喻為信、戒、定、慧。換句話說，植物靠根成長起來，而我們的宗教心也要仰賴信仰力量來維護。如果沒有信仰，再努力修行也不會有結果——。因此，我們要明白根即信也。之後，才會有佛教的實踐（戒——莖），精神的統一（定——枝），智慧的成就（慧——葉）。同一堆密雲落下的雨水，滋潤同一塊大地的草木，讓大大小小的草木都蒙受雨水，才能維持生存。因此，大致上很平等，但也不無差別。

人生在世，縱使平等一事非常重要，其實也不是所有的人都完全一樣。於是，這就產生一個問題，即要怎樣活在這種差別世界裡呢？此時，最要緊的是，我們的生存並非單靠自己的力量做得到，還得仰賴各類人的力量才行。其間，我們應該依據自己的能力與素質，來建造真正幸福的世界，才是本節所表示的大意。

雖然，釋尊的說法叫做隨機說法，也就是依據對方的能力與個體條件講解不同的意思，殊不知本來面目只有一相——只有解脫相而已。據說這是到達一切種智的東西。關於一切種智，即是一切智與道種智，因為早在前面談過，恕不贅述。

總之，這種智慧綜合兩類智，一種是知曉所有共通相的一切智，另一種是知曉其差別相的道種智，而釋尊用這種智慧來觀照世間。衆生在佛陀這種智慧的引導下，得到很大功德，而自己卻難得有這種自覺。我們自以為了解自己的事，其實，還是跟別人做比較，才能照見自己。因此，透視自己很要緊，此事如果逐漸深入，那麼，我們的不滿與傲慢就會消失。

一切衆生　聞我法者　隨力所受
住於諸地　或處人天　轉輪聖王

釋梵諸王　是小藥草　知無漏法
能得涅槃　起六神通　及得三明
獨處山林　常行禪定　得緣覺證
是中藥草　求世尊處　我當作佛
行精進定　是上藥草　又諸佛子
專心佛道　常行慈悲　自知作佛
決定無疑　是名小樹　安住神通
轉不退輪　度無量億　百千衆生
如是菩薩　名為大樹　佛平等說
如一味雨　隨衆生性　所受不同
如彼草木　所稟各異　佛以此喻
方便開示　種種言辭　演說一法
於佛智慧　如海一滴

在平等的法雨下，小棵的藥草僅能蒙受少量雨水，藉此譬喻人、天、轉輪聖王或帝釋、梵天等世間智的衆生。

聲聞乘是發起之神通，得到三明（三種智慧）者，而獨自在山林修行者，當然算是緣覺乘了。這兩乘被譬喻為中等藥草。至於追求世尊的處（金剛寶座），自己發誓要成佛者，算是上等藥草，也就是菩薩乘。但是，被譬喻為上等藥草的菩薩乘，係依照『法華經』以外的大乘教法在修行，而接受『法華經』教法的人，被譬喻為樹木。

樹木又可分成小樹與大樹。至於大樹小樹具體上指些什麼呢？衆說紛紛一向被看成『法華經』的疑難之一。其間，有人說初地以上到七地，屬於小樹，而八地以上的菩薩為大樹。菩薩修行經由十信、十住、十行、十迴向、十地、等覺、妙覺等五十二階位，而上述意見是從這裡觀察出來的。（有關菩薩修行的階位，計有十住、十行、十迴向、十地、等覺等四十一位之說。）

緊跟在舍利弗之後，四大聲聞（大迦葉、須菩提、大迦旃延、目犍連）也得到釋尊的預言說，將來都會成佛（釋尊作佛授記）。〈授記品〉的授記，就是以下的意思。

爾時世尊說是偈已。告諸大衆唱如是言。我此弟子摩訶迦葉。於未來世當得奉覲三百萬億諸佛世尊。供養恭敬。尊重讚歎。廣宣諸佛無量大法。於最後身得成為佛。名曰光明如來、應供、正遍知、明行足、善逝世間解、無上士、調御丈夫、天人師、佛、世尊。國名光德。劫名大莊嚴。

「說是偈已」的偈，是指前章的〈藥草喻品〉，佛陀談到自己的弟子大迦葉將來會親近許多佛，也會把佛的教理向芸芸衆生弘揚。接著，預言他會永遠脫離輪迴，結束生死世界，最後身份為光明如來佛，他會建立名叫光德的淨土。釋尊說的光德淨土，的確是了不得的佛國土，其間沒有魔事，雖然有些魔及魔民，但他們都在護持佛法。

總之，授記是預言將來會成佛，或保證成佛。

須菩提、大迦旃延、目犍連等三名聲聞，聽到佛陀授記大迦葉，無不歡喜，乃對佛陀說：「哀愍我等故，而賜佛者聲。」換句話說，他們央求釋尊，不但授記給大迦葉，也希望哀憐我等幾位，授記將來也能作佛。深心在這種場合，可解發菩提心。為了成佛，而懷有菩薩的堅定心，即是深心。我們三人也想證得佛果，並有極大的決心，無論如何，懇請佛陀明白我們的意志，也央求能給我們將來作佛的保證——。

爾時大目犍連、須菩提、摩訶迦旃延等。皆悉悚慄。一心合掌瞻仰世尊。目不暫捨。即共同聲。而說偈言。

大雄猛世尊　諸釋之法王
哀愍我等故　而賜佛音聲
若知我深心　見為授記者

如以甘露灑　除熱得清涼
如從饑國來　忽遇大王饍
心猶懷疑懼　未敢即便食
若復得王教　然後乃敢食
我等亦如是　每惟小乘過
不知當云何　得佛無上慧
雖聞佛音聲　言我等作佛
心尚懷憂懼　如未敢便食
若蒙佛授記　爾乃快安樂
大雄猛世尊　常欲安世間
願賜我等記　如飢須教食

這三位聲聞稟告佛陀，若能獲得這些預言，無異喝下甘露，滿身清涼。意思是，他們期待佛的授記，自己熱烈的心情才能安定下來。生活在印度，大家無不盼望清涼來到，用這樣實際感受來譬喻以上三位聲聞的心情。「如從飢國來」以下的譬喻句子，也都指出飢餓不休的印度情狀。

如果有人來自飢荒地區，突然面對山珍海味，彷彿國王的飲食，他們不禁會困惑地暗忖：我果真能享用這些食物嗎？倘若國王不停地勸他們放心去吃，那麽，他們內心的疑惑會一掃而光，即刻伸手去開動了——。同樣地，須菩提、大迦旃延、目犍連等人，學了小乘教理，如果釋尊告訴他們修菩薩行能夠成佛的話，那麽，他們也會邁向這條菩薩乘之路。

早在上面〈方便品〉裡提到，凡修小乘的人，若有依照大乘教法，實踐菩薩行的話，也能證得佛果。此時，小乘教法決不會沒有用處。於是，世尊憐憫三人誠懇的意念，也就預言須菩提、大迦旃延、目犍連等將來會成佛，同時他們也將名叫名相如來、閻浮那提金光如來，和多摩羅跋栴檀香如來。

關於須菩提、大迦旃延與目犍連授記的經文，幾乎跟上面的大迦葉相同，不過，釋尊又補述大迦旃延與目犍連，將來除了會親近和供養許多位佛以外，也會供養諸佛滅度，和各地所建的塔廟。意指他們不但會供養活生生的佛陀，佛陀圓寂以後的舍利，也會得到他們的祭祀並建塔供養。這部『法華經』主張這樣供養會有極大的功德。

所謂塔廟，即是塔婆，而塔婆的原文爲 stūpa、thūbo、thūpa 等各個不同的字，這些在『法華經』裡很重要，在後半部會從大地湧出巨塔，而塔中有佛陀（多寶佛）——。同時提到釋尊進入塔裡，跟那些佛並肩同坐。所以，『法華經』的塔成了裡面有佛陀安坐的建築物，故才稱作塔廟。廟是指建築，caitya。反正這段經文指出四大聲聞會供養、恭敬和尊重諸佛，以及佛滅後的舍利，和成佛之道。

第五章　虛幻城（化城喻品第七，五百弟子授記品第八，授學無學人記品第九）

一般人向來把『法華經』前半部共計八章，稱為「三周說法」。意指釋尊向聽衆開示『法華經』時，提出三類說法。不妨將它表記如下：

- 法說
  - 方便品
  - 譬喻品前半
  - ……上根
- 譬說
  - 譬喻品後半
  - 信解品
  - 藥草喻品
  - 授記品
  - ……中根

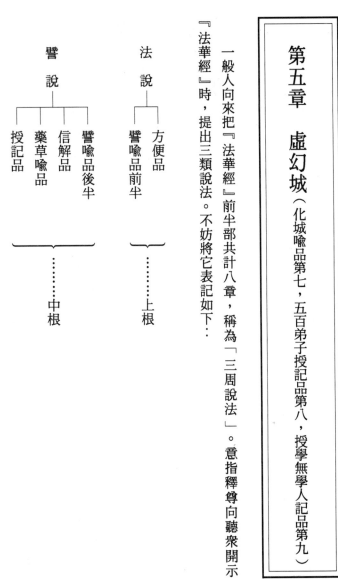

因緣說 ┬ 化城喻品
　　　 └ 五百弟子授記品 } ……下根

其中的最初「法說」，只是原原本本開示一乘教義。這是指〈方便品〉。〈方便品〉談到釋尊開示一佛乘的教理，正是他出世的本懷。直截了當地說，它表示『法華經』的教義為真實教法。然而，當時能夠了解的人，只有一位上根的舍利弗。

下面的「譬說」，正是透過譬喻明示一乘的意義。了解〈方便品〉的舍利弗，在〈譬喻品〉的前半段，得到將來成佛的授記，之後才開始「譬說」。釋尊在〈譬喻品〉開示火宅三車的譬喻，在〈信解品〉提示長者父子的譬喻，之後在〈藥草喻品〉說明三草二木的譬喻，結果，中根的大迦葉等四大聲聞，才確信自己將來也能成佛。由此看來，「譬說」即是利用譬喻開示，讓他們生起佛子的自覺。縱然如此，也仍有許多人沒有自覺佛子的意念，最後，釋尊才開示「因緣說」。

表面上，它跟現在似乎毫無關係，但在過去有極密切關係，釋尊開示為了救度這些人才結因緣——。因為開示了過去的因緣，才使下根的聲聞起了佛子的自覺，這是「因緣說」的內容。因為有這樣的三周說法，才大力開示『法華經』。本章先拜讀其中的部份，那些相當於因緣說，即因緣周的頭一章〈化城喻品〉第七。

本書一開始就指出『法華經』裡，有『正法華經』這部漢譯本，而相當於『正法華經』〈化城喻品〉這一章，題號為〈往古品〉。若從上述因緣說的意思看來，〈往古品〉這個章名可說很適合。不過，我們採用的鳩摩羅什譯本，卻題名為〈化城喻品〉。因為在該章後半段開示虛幻城的譬喻——。

有一個理想國距離某處五百由旬的地方，那裡的衆生都能安居樂業。那位導遊想率領一群人到那個佛國土，但是，路途難行，也很遙遠。衆人害怕而不肯上路。這時，導遊且行方便，就在三百由旬之處，化作一座城市，之後告訴衆人，那裡便是目的地。衆人聽了精神抖擻，才肯邁步向前走，不久到了虛幻城，待衆人恢復體力，走出城外時，導遊立刻收拾掉虛幻城了。於是，導遊才坦率告訴衆人，真正的佛國土（寶所）距離此地尙有二百由旬，接著，才引導衆生到達五百由旬的目的地。照理說，說完虛幻城的譬喻之後，才選擇本章題號。當然，過去因緣這回事才是〈化城喻品〉的主要目的。

本章的話題，提到一位過去佛叫做大通智勝如來。但有一項問題是，所謂過去，到底是多久以前的呢？

據說三千大千世界是由地、水、火、風等四大原素組成，其中的大地即是土地，它由地種組成。既是大地，當然，地種就不在少數。依照經文上說，將它磨成墨，經過千國也只掉下一滴墨汁。那麼，等到墨汁掉光了，將那些國土全都聚集成粉塵。即使將每一粉塵看成一劫，大通智勝如來也會出現到那個世界成佛，之後滅度也是非常遙遠的過去。一劫已經是極長時間，反正那是相當長遠的過去，但也都跟我們有關係。

總之，意指我們從久遠的過去開始就已經輪迴轉世，生生死死，直到今天為止。我們在臨死前也會執著生命。這樣執著會因為業力，而再使我們輪迴到下輩子。那麼，所謂前世到底追溯到何時以前呢？依佛教來說，可以追溯到永遠的過去，這就是＜化城喻品＞所說的內涵了。

佛告諸比丘。大通智勝佛。壽五百四十萬億那由他劫。其佛本坐道場。破魔軍已。垂得阿耨多羅三藐三菩提。而諸佛法不現在前。如是一小劫乃至十小劫。結跏趺坐身心不動。而諸佛法猶不在前。爾時忉利諸天。先為彼佛於菩提樹下。敷師子座。高一由旬。佛於此座、當得阿耨多羅三藐三菩提。

適坐此座時。諸梵天王。雨衆天華、面百由旬。香風時來。吹去萎華。更雨新者。如是不絕滿十小劫供養於佛。乃至滅度常雨此華。四王諸天。為供養佛。常擊天鼓。其餘諸天作天伎樂。滿十小劫。至於滅度亦復如是。

諸比丘。大通智勝佛。過十小劫。諸佛之法乃現在前。成阿耨多羅三藐三菩提。

其佛未出家時。有十六子。其第一者。名曰智積。諸子各有種種珍異玩好之具。聞父得成

阿耨多羅三藐三菩提。皆捨所珍。往詣佛所。諸母涕泣而隨送之。其祖轉輪聖王。與一百大臣及餘百千萬億人民。皆共圍繞隨至道場。咸欲親近大通智勝如來。供養恭敬。尊重讚歎。

所謂「降魔成佛」，即是打敗惡魔成就佛道，乃是成佛的一項定型。只要我們活在世間，都會有各種心理作用，或認為身體都能派上用場。同時，我們的身心裡，也含有某種反動力量在阻止我們向上發展。這些都是我們人類的想法。例如憤怒、嫉妒、放逸、懈怠等心理作用，會使人懶惰與墜落，若不能擊敗它們，就不能覺悟了——。

照這樣看來，修行無異作戰，攻打心中的魔軍，戰勝了惡魔，釋迦牟尼才能大徹大悟。

若提到過去佛開悟的狀況，也必定記載這條固定型式。

雖然，大通智勝如來打敗了心中的魔軍，但卻遲遲沒有開悟的智慧。因為釋尊屬於降魔成佛，故降魔即是佛智的開顯，反之，大通智勝如來似乎無法迅速完成證覺。原因是，他降魔之後，又繼續在大地上坐了很久，等待佛智的出現。

在他打坐期間，忉利諸天為了要讓他能夠得到佛智，才特地在菩提樹下準備了師子座。忉利天是指三十三天，它的代表神是帝釋天。諸神也有男女性別，他們叫做「欲界（由欲望形成的世界）的天人」，又因為他們有六個，才稱為六欲天，而帝釋天則屬於這個欲界的天人。據說在這個欲界的天上，還有「色界天」、「無色界天」。其中所謂色界天，是有身體而無實體，輕飄飄住在空中。色界天大體上分成初禪、二禪、三禪和四禪等四類。在佛經上跟帝釋天一樣屢見不鮮的帝釋，屬於初禪，即色界最下面的神。梵天等為了祝賀大通智勝快要證悟，就紛紛落下天華。

十小劫以後，大通智勝如來終於得到開悟的智慧了。他在出家以前，養了十六個孩子，他們獲悉父親得到智慧，紛紛要做父親的弟子，而先後離開母親（據說十六個孩子裡，有一個以後會成為釋尊）。縱使這樣，也會發現他打敗魔軍後，曾經歷十小劫的長期間才得到佛智，顯示這個大通智勝佛的世界，時間上簡直沒什麼移動，或者時間過得慢吞吞。就某方面來說，他的心境平安，或在心如止水的狀態。因此，不妨認為那個世界的時間在慢吞吞地移動著。

以上提示的過去因緣，屬於非常遙遠的過去，正因為從這樣遙遠的過去得來的因緣，現在才要學法華經的教法，靠一佛乘才能自覺本身的佛性。雖然像舍利弗那樣只靠一次法說，或像四大聲聞那樣依賴譬喻，而不能了解的話，也不妨靠過去所結的因緣，總有一天會明白佛教的旨趣，這種情況在＜化城喻品＞裡提到了。當然，今天我們學了佛法，它也可能是以後成佛的因緣。

大通智勝如來在出家以前，養了十六個兒子，他們獲悉父親開悟成佛時，也都想做他的弟子。

爾時大通智勝如來。受十方諸梵天王及十六王子請。即時三轉十二行法輪。若沙門婆羅門。若天魔梵及餘世間。所不能轉。謂是苦。是苦集。是苦滅。是苦滅道。及廣說十二因緣法。無明緣行。行緣識。識緣名色。名色緣六入。六入緣觸。觸緣受。受緣愛。愛緣取。取緣有。有緣生。生緣老死憂悲苦惱。無明滅則行滅。行滅則識滅。識滅則名色滅。名色滅則六入滅。六入滅則觸滅。觸滅則受滅。受滅則愛滅。愛滅則取滅。取滅則有滅。有滅則生滅。生滅則老死憂悲苦惱滅。

佛於天人大衆之中說是法時。六百萬億那由他人。以不受一切法故。而於諸漏心得解脫。皆得深妙禪定三明六通具八解脫。第二第三第四說法時。千萬億恆河沙那由他等衆生。亦以不受一切法故。而於諸漏心得解脫。從是已後。諸聲聞衆。無量無邊。不可稱數。

爾時十六王子。皆以童子出家而為沙彌。諸根通利智慧明了。已曾供養百千萬億諸佛。淨修梵行。求阿耨多羅三藐三菩提。

大通智勝如來在十六個孩子，和梵天的央求下，才轉動十行法輪，開示十二因緣法。所謂轉法輪，即是說法，或弘揚教理。十二行的教法是，把苦、集、滅、道等四聖諦，分成示轉、勸轉和證轉三種來說明。「示轉」是先呈現四諦的四種姿態，接著勸他們修行四諦，這叫做勸轉，最後為轉證，即敍述佛自己修行四諦的體驗來證明。因為上面談過怎樣透過示轉、勸轉和證轉，來開示四諦教法了，所以，恕不再述，現在只講十二因緣法。

十二因緣是以無明為緣，才有行，故常說：「無明緣於行」。現在和未來察看因與果的情形，詳情如下：

過去世的二因

・無明

・行

現在世的五果

・識

・名色

・六入

・觸

・受

現在世的三因

・愛

・取

・有

未來世的二果

・生

・老死

我們是因為有過去世的無明與行，才有現在世的五果，而現在世五果的「識」，乃是受胎那一刹那的心（受胎後最初的心）。佛教認為受胎時有紅白兩滴，意指母親的精血（紅），和父親的精血（白）兩滴會合。然而，只有紅白兩滴精血，不能受胎成人。其間，會有「結生之識」，這三者湊和一齊才有我們的開端。只有紅白兩滴精血，換句話說，若只有父母的遺傳，那麼，我們就只跟父母有關連，這樣就很難找到自己的獨特性了。的確，我們從父母身上得到生命，也承受他們的遺傳，父母親和身為子女的自己，顯然是不同的存在。雖然，親子之間的生命連續著，就某方面來說，也顯然是斷絕的不同存在。但若從父母的眼光看孩子，總覺得是自己生的，而強烈地意識著連續層面。於是，父母總想按自己的意思扶養子女，但子女卻堅決主張父母是父母，自己是自己，而不肯如父母的願望。

我們明確地認識所謂親子關係，只是一面維持連續，一面呈現斷絕，若不能保存親子關係時，斷絕層面會顯著起來。另在死的一刹那，據說我們會強烈地執著生命，而這種情緒即是「結生之識」，藉此結生之識，人類才會投胎到下輩子。

「無明」為人類本質性的迷惑，存在我們的根底處，那是一種引發我們迷惑的心理活動。具體地說，無明到底是什麼東西呢？那倒不是輕易能夠懂得的。例如，人被欺騙時，在他被欺騙之際，並不知情——。等到自己發覺情況不妙，就談不上被人欺騙。同樣地，如果發現無明的實態，就能結束無明狀態，脫離無明境界。無明相當於迷惑的根幹，根據「無明」的行為即是「行」。善惡的行為（業）以後，我們之中會殘留某種看不見的關連力量。依據這種過去世的無明而來的行為，會決定這輩子的生命，這正是「無明緣於行，行緣於識。」然而，這不是單純的連繫。十二因緣也叫做十二緣起，意思是「由緣而起」。

即使我們置身在現實生活裡，只要善於統合周圍的因緣協助，加上自己不斷努力，也能創造新東西——。這是可以期待的，也是因緣而起的意思。由此可見，即使我們的生活可說是緣起性的產物，但決非只靠過去業的惰性生活。對於緣起的「起」，依我看，似乎含有人類行為的創造性。我們出生時無法創造眼前的自己。只有仰賴每天的行為，才能創造新的自己——只要努力，就會產生相對的成果，這才是緣起觀的真諦。

下面談到受胎的剎那，叫做「結生之識」，以行為緣而起的「識」。這種「識、名色、六入、觸、受」等於現在世的五果。「名色」是我們的身與心。靠結生的識力是在娘胎裡，讓身心得以發育的階段。「六入」是眼、耳、鼻、舌、身、意等六根，而這些感官逐漸具備的階段為六入。之後，出生開始接觸外界，叫做「觸」。「受」是受到外界的刺激，而感受苦與樂等，這些識、名色、六入、觸、受，正是過去世結果帶來的識別事物的力量與身體。

所以，這些並非自己選擇的東西。

關於「愛、取、有」等三者，被認為現在世的三因。愛叫做渴愛或貪慾。在佛教裡，愛決不是很好的意思。在人類慾望的根底下，似乎擺著永遠無法滿足的東西。那就是渴愛。就某方面而言，這是使科學進步，人類生活向上的動力，但在另一方面，這種科學卻也成了威脅今天地球安全的最大因素。我們雖說調和很重要，無奈，人類的慾望會破壞這種調和。佛教認為那是我們的渴愛，才會迫使人類陷入危機的深淵。「取」是執著。「有」是指人類在世間的存在。我們人人都有自己的人生，也都有獨立的生存，故稱為「有」。同時，這種「有」會連繫著未來的生存。因此，有非常類似過去世二因中的「行」。這樣一來，人類就呈現生生死死的情狀，這就是十二因緣或十二緣起。

經文的「老死」之後，又補充憂、悲、苦、惱等四項。人生有快樂，倘若繼續快樂，它反而會變成痛苦，人生的終點除了「憂、悲、苦、惱」以外，別無他物。佛教抱持的見解是，斷絕這種輪迴痛苦之處，也有真實的生活，透過無明的消滅，才能解脫苦惱。那就是「如果無明消滅，即是行滅，如果生滅，即是老、死、憂、悲、苦、惱等消滅。」

由此可見，大通智勝如來在最初說法時，先用三轉十二行法輪說明苦、集、滅、道等四諦教法，接著說十二因緣，藉此救度芸芸衆生，十六位王子聽聞這番說法之後，就出家做沙彌了。在印度，十四歲可以出家當僧侶，而沙彌是指這些少年僧人。另外，印度的傳染病很多，有些幼童不幸患了傳染病，因而離開父母親，被帶往寺廟去扶養。這時的年齡為七歲。當這群沙彌長大到了二十歲，就要經過一定的儀式，成為獨立僧侶叫做比丘了。

佛告諸比丘。是十六菩薩常樂說是妙法蓮華經。一一菩薩。所化六百萬億那由他恆河沙等衆生。世世所生與菩薩俱。從其聞法。悉皆信解。以此因緣。得值四百萬億諸佛世尊。於今不盡。諸比丘。我今語汝。彼佛弟子十六沙彌。今皆得阿耨多羅三藐三菩提。於十方國土。現在說法。有無量百千萬億菩薩聲聞。以為眷屬。其二沙彌東方作佛。一名阿閦在歡喜國。二名須彌頂。（中略）

第十六我釋迦牟尼佛。於娑婆國土。成阿耨多羅三藐三菩提。諸比丘。我等為沙彌時。各各教化無量百千萬億恆河沙等衆生。從我聞法。為阿耨多羅三藐三菩提。此諸衆生。於今有住聲聞地者。我常教化阿耨多羅三藐三菩提。是諸人等。應以是法漸入佛道。所以者何。如來智慧。難信難解。

這段經文前面尚有一句：「說是經已，十六沙彌，為阿耨多羅三藐三菩提故，皆共受持諷誦通利說是經時。十六菩薩沙彌皆悉信受。聲聞衆中亦有信解。其餘衆生千萬億種皆生疑惑。」總之，這十六位小沙彌雖然都是年輕晚輩，但因為追求阿耨多羅三藐三菩提，才能理解大通智勝佛的說法，致使許多人對於這一點深感疑惑。因此，如來才把這十六位沙彌的原來出身說出來，這是本段經文的內容。

『法華經』世界相信這部經說，並非釋尊最先在這個世間的說教，而是早從遙遠的過去開始就說過的真理。換句話說，這十六人其實是以菩薩身份開示法華一佛乘，來教化芸芸衆生。包括釋尊在內的十六人，都是大通智勝如來在家時代的孩子，而釋尊也是其中一位。「諸比丘」是呼喊釋尊的弟子們。當年我是十六位沙彌之一，從那時起就在教化衆生了。這是為了要使佛得到證覺。當時不能期待成佛，而今以聲聞身份修行的人們，起了可當佛子的自覺，也正從聲聞乘邁向一佛乘——。這是釋尊的說話。談到過去世的因緣，眼前在釋尊座下聽法的徒衆，不是偶然聚會，早在過去世就跟釋尊結了緣，由於這份緣的連繫，才能在今天聽得到釋尊的教法。

如果事實是這樣，那麽，釋尊一開始教導聲聞們成佛也算很明智了。但有人說釋尊「四十年來未顯真實」，意指釋尊開悟後，四十年來只開示三乘教法——聲聞乘、獨覺乘和菩薩乘——來教化衆生，即成道四十年才說法華一佛乘，好不容易才顯示真實。如果仔細一想，這樣未免太嘍嗦，當然會令人疑惑。而化城的譬喻，正是為了解除大家的疑惑才說的。

上述化城譬喻的內容，恕不再重複。倘若一開始就說成佛的教法，那麽，大家若知道這樣漫長又艱難的修業，反而會不願親近一佛乘。因此，釋尊先說聲聞教法，讓大家安心下來，接著比較一下一佛乘優於聲聞乘，結果才使大家傾向一佛乘，這段譬喻的意義完全在此。譬喻的三百由旬當然指聲聞乘了。

這裡，不妨復習一下『粱塵秘抄』的歌詞。其中談到〈授記品〉裡，釋尊預言四大聲聞將來會成佛。

四大聲聞乍聞釋尊的預言，都非常歡喜，才忍不住唱歌了。緊跟在四大聲聞之後，先給富樓那尊者授記以後會成佛〈五百弟子受記品〉，接著，釋尊也給一千二百位阿羅漢授記，但這一千二百人好像不在釋尊的說法座上。實際上，只有五百位佛弟子在佛前而已。因為這個緣故，一千二百人與五百人在一起，看來似乎很複雜，倘若稍加整理，而後仔細拜讀，也能明白它話中的大意。

在經典的開頭，不時出現這樣的記載，即釋尊跟五百名弟子一起遊行，或跟一千二百名弟子在一起。釋尊開悟後，就到中印度和鹿野苑，開始教示五位修行者。結果，五人都成了釋尊的弟子，於是成立了佛教教團。據說在鹿野苑附近的波羅奈城，仍有六十人做佛陀的弟子。之後，釋尊前往摩訶陀國，又收了一名弟子叫做優樓頻螺迦葉。他手下有五百名徒弟，也一起來皈依釋尊了。據說釋尊率領這五百多人遊化摩訶陀國，同時受到頻婆娑羅王的歡迎，而進入王舍城裡。這件事特別提到其中五百人的狀況。優樓頻螺迦葉有兩個弟弟——伽耶迦葉、那提迦葉，他們合稱為三迦葉。據說伽耶迦葉手下有三百人，而那提迦葉也擁有兩百名弟子，他們不久也都紛紛皈依釋尊，總共大約有一千名修行者聚集在釋尊身邊了。之後，鼎鼎大名的舍利弗與目連也成了佛陀弟子。起初，他們都禮拜桑闍耶為師，他也是著名的宗教家，舍利弗和目連在他的指引下修行，追求真理，不料，待他們接觸釋尊之後，才捨棄桑闍耶的觀點。那時，連桑闍耶手下二百五十名弟子，也隨同舍利弗一起投奔到釋尊座下了。因此，佛經裡才會常常提到一千二百五十位修行人。另有本章的題號為「五百弟子」，而經典記載佛陀授記一千二百名弟子，這一點豈非出了問題？

受記的「記」為記別之意，而記別有授與受兩方面，前者為授記，後者為受記。記別是預言將來會成佛，這對於修行求悟的人來說，含有充分嘉勉的意義。釋尊巧妙地用這套預言來教化弟子，堪稱人類的偉大教師。不僅在佛教方面如此，在指引人類方面也非常重要，由此可知釋尊的授記有不尋常的意思，非常值得玩味。

爾時富樓那彌多羅尼子。從佛聞是智慧方便隨宜說法。又聞授諸大弟子阿耨多羅三藐三菩提記。復聞宿世因緣之事。復聞諸佛有大自在神通之力。得未曾有。心淨踊躍。即從座起到於佛前。頭面禮足。卻住一面。瞻仰尊顏目不暫捨。而作是念。世尊甚奇特。所為希有。隨順世間若干種性。以方便知見而為說法。拔出衆生處處貪著。我等於佛功德。言不能宣。唯佛世尊。能知我等深心本願。

在「法說周」裡，先有舍利弗得到記別，在其次的「譬說周」裡，則有須菩提、迦旃延、大迦葉、目連等四大聲聞都受記了。以富樓那為首的一大群弟子，目睹這種光景，感觸之餘，也覺悟自己每天修行，志在佛果，故也盼望佛陀能夠授記。佛陀了解他們的心意，才在「因緣周」裡開示一番。

最先出現的是富樓那。

富樓那詳細地聽過佛陀以前的教理，才湧起一陣前所未有的感受，而讓心境純潔清淨了。這種純潔清淨在佛教裡非常重要。佛教把信仰叫做「心澄淨」。總之，我們有一股力量清潔自己的心境，那可以解釋為「信」。這表示心境清淨，即是人生的幸福。

富樓那以清淨心一面讚嘆佛陀，一面唸道：「只有佛陀才能了解我們的深心本願。」直截了當地說，深心本願就是我們也想深深地承受釋尊的記別。富樓那暗地裡希望釋尊也能授給自己記別。

爾時佛告諸比丘。汝等見是富樓那彌多羅尼子否。我常稱其於說法人中最為第一。亦常歎其種種功德。精勤護持。助宣我法。能於四眾示教利喜。具足解釋佛之正法。而大饒益同梵行者。自捨如來。無能盡其言論之辯。汝等勿謂富樓那但能護持助宣我法。亦於過去九十億諸佛所。護持助宣佛之正法。於彼說法人中亦最第一。又於諸佛所說空法。明了通達。得四無礙智

。常能審諦清淨說法。無有疑惑。具足菩薩神通之力。（中略）
漸漸具足菩薩之道，過無量阿僧祇劫。當於此土得阿耨多羅三藐三菩提。號曰法明如來、應供、正遍知、明行足、善逝世間解、無上士、調御丈夫、天人師、佛、世尊。

這一段指出釋尊明白富樓那希望得到記別的心願，而給予應有的回應。釋尊在許多修行者面前，常常評論富樓那的說法十分卓越，也很努力護持佛法。接著又說富樓那不但眼前護持佛法，也曾在過去世皈依諸佛，攝受正法，並有過精彩說法的因緣——。早在過去世，他就通曉諸佛所說的空法。「空」是佛教的重要概念。我們活在世間，只因有些財產，就認為「人生是有」。其實，我們活著的生命，一旦消失時，眼前的一切財產也不一定存在。只要一想到此，所謂有者也會失去拘束——。離開這種有的立場，而去理解我們的人生，與自身的存在，即是「空」的立場了。

例如，某人二十年來為非作歹，只要從今開始決心向善，那麼，從這一剎那起，他就變成一個善人，雖然做了善人，卻不需要花費二十年。那是因為人的本性為「空」也。因為人的本性不屬於「有」，性質上時刻在變化，努力的事實才有可能。但如衆所周知，因為偏向於空，會使現實生活發生困難，所以，佛教倡導的立場是「中道」，那是超越「有」與「空」的概念。

必須注意的是：「具足菩薩神通之力」。因為富樓那是一位佛弟子，故屬於聲聞乘的人，本來即是菩薩——。誠如上述，阿僧衹劫等於漫長時間。本來，富樓那這位菩薩正在逐漸成就菩薩道，他會在永遠的未來證悟佛果，名叫法明如來。這裡談到富樓那在受記。

爾時千二百阿羅漢心自在者作是念。我等歡喜。得未曾有。若世尊各見授記如餘大弟子者。不亦快乎。佛知此等心之所念。告摩訶迦葉。是千二百阿羅漢。我今當現前次第與授阿耨多羅三藐三菩薩記。於此衆中。我大弟子憍陳如比丘。當供養六萬二千億佛。然後得成為佛。號曰普明如來、應供、正遍知、明行足、善逝、世間解、無上士、調御丈夫、天人師、佛、世尊。其五百阿羅漢。優樓頻螺迦葉、伽耶迦葉、那提迦葉、迦留陀夷、優陀夷、阿㝹樓馱、離婆多、劫賓那、薄拘羅、周陀、莎伽陀等。皆當得阿耨多羅三藐三菩提盡同一號。名曰普明。

無拘無束，內心自在的一千二百位阿羅漢們，目睹四大聲聞與富樓那得到記別，都很歡喜，不禁都暗自尋思，如果自己也能蒙受同樣的預言，將是多麼殊勝。

佛陀明白他們懇切的心願，就逐一告訴一千二百人，將來全都會得到無上證覺。據說最先授記憍陳如以後會成佛，取名普明如來。他是五位比丘之一，釋尊當年在鹿野苑初轉法輪時，他是當時五位修行者之一，也是其中最先證得阿羅漢果的人。所以，他可說是釋尊座下第一號弟子。難怪釋尊叫他「阿若憍陳如」。「阿若」指「覺悟」的意思。

但在一千二百位阿羅漢裡，只有五百名聚集在佛前，包括他們在內的一千二百位阿羅漢得到授記，故叫做總受記。反之，只授記給佛前的五百名阿羅漢，則叫做別授記。經文中列出五百位阿羅漢代表人物的姓名。除了上述的三迦葉以外，還有迦留陀夷，他是釋尊出家前的朋友，也出身釋迦族，本性粗暴又惡劣，皈依釋尊之後，也屢次破戒。所以，他在制定戒律的因緣談裡屢見不鮮，當然，他最後總算改邪歸正，誠心修行，證得阿羅漢果了。

阿㝹樓馱等於釋尊的堂兄弟。他有一則著名的軼事，有一次，他在釋尊說法時打瞌睡了，結果被釋尊斥喝一頓。之後，他連夜晚也不睡，刻苦修行，致使雙眼都瞎了。但是，他反而得到天眼，被稱為「天眼第一的阿㝹樓馱」，列名為十大弟子之一。離婆多是個少慾知足的人。劫賓那擅於分析釋尊的教理，懂得應對衆生和說法。薄拘羅這位阿羅漢，也有一則軼事，據說某次他患病了，不能見到釋尊，不禁悲從中來。釋尊獲悉之後，就前往薄拘羅的地方，告訴他不能太過執著自己的肉體——看到法即是看到佛。意思是，懂得體會教法的真理，無異親眼看見佛陀，釋尊用這句話安慰薄拘羅了。據說莎伽陀在神通方面十分突出。有一次，某村的村民被一條巨蛇困擾不安，他竟用拿手的神通趕走巨蛇了。村民欣喜之餘，紛紛拿酒出來供養他。據說莎伽陀居然喝得酩酊大醉。

釋尊因此才禁止佛弟子喝酒，這是釋尊制定「不飲酒戒」的因緣。

由此可見，佛陀的弟子們也不是一開始都很循規蹈矩、身心健全。然而，在此列名的聲聞們，全都得到釋尊適宜的指導，精進佛道，以至證得阿羅漢的果位。這群衆生的代表者——五百名阿羅漢，也都得到預言說，將來會證到佛的果位。而且，全都會叫做普明如來。

爾時五百阿羅漢。於佛前得受記已。歡喜踊躍。即從座起到於佛前。頭面禮足。悔過自責。世尊。我等當作是念。自謂已得究竟滅度。今乃知之如無智者。所以者何。我等應得如來智慧。而便自以小智為足。世尊。譬如有人到親友家。醉酒而臥。是時親友官事當行。以無價寶珠繫其衣裡。與之而去。其人醉臥都不覺知。起已遊行到於他國。為衣食故。勤力求索。甚大艱難。若少有所得。便以為足。於後親友會遇見之。而作是言。咄哉丈夫。何為衣食乃至如是。我昔欲令汝得安樂。五欲自恣。於某年日月。以無價寶珠繫汝衣裡。今故現在。而汝不知。勤苦憂惱以求自活。甚為癡也。汝今可以此寶貿易所須。常可如意。無所乏短。

且說五百位阿羅漢得到預言說將來會成佛，無不歡喜雀躍。同時也「悔過自責」。那就是原先誤解自己已證得羅漢果，修行完成，暗忖不必再來聽聞佛法了。他們向佛陀懺悔這種錯誤的念頭。

這裡談到一個譬喻——其人在外飄泊，某日來到一位富裕的親戚家裡，主人擺酒出來招待，他竟喝得大醉，不省人事。剛巧那位親戚有急事要外出，只好任由酒醉的朋友待在家裡。不過，臨行前，他將一顆無價寶珠嵌入這位醉友的衣服裡面了。因為他怕這位親友出外時，生活無著而受苦。不久，這位酒醉的朋友清醒了。但是，他卻不知道自己的衣服裡嵌著一顆昂貴的寶珠，酒醒後即匆匆出外旅行去了。

在旅途中，他的生活果然窮困不堪。為了生活，他什麼事都幹，也幹得很賣力。可惜所得有限，幸好他也很知足，這表示聲聞的修行。總之，這個故事譬喻他們得到阿羅漢果，修行有成，心滿意足了。

某日，他們兩人重逢了。對方責備他說：「咄哉丈夫」。這時，才指出昔日在他的衣服裡暗藏一顆寶珠。可惜，他毫不知情，也不曾去找尋過這顆昂貴的寶珠。意指人類能夠成佛作祖的潛力。這群聲聞如果發覺自己不能證得佛果，跟釋尊一樣時，一開始就會絕望，而滿足於聲聞的程度了。如今有了自覺，始知自己也能證得佛果。

這一段叫做「衣裡寶珠的譬喻」。

〈授學無學人記品〉第九的章題，意指授記給「學與無學」的人。學也叫有學，而無學指不曾學過的人，或所作已辯的人，證得阿羅漢果的人。以前，佛陀預言阿羅漢，即無學的人將來會成佛。當然，佛弟子裡也有人不能證得羅漢果位。佛陀也有意預言這些人以後也能成佛的，這是本章的主題。

爾時阿難、羅睺羅。而作是念。我等每自思惟。設得授記。不亦快乎。即從座起。到於佛前頭面禮足。俱白佛言。世尊。我等於此亦應有分。唯有如來我等所歸。又我等為一切世間天人阿修羅所見知識。阿難常為一切世間天人阿修羅所見知識。阿難常為侍者護持法藏。羅睺羅是佛之子。若佛見授阿耨多羅三藐三菩提記者。我願既滿。衆望亦足。爾時學無學聲聞弟子二千人。皆從座起。偏袒右肩到於佛前。一心合掌瞻仰世尊。如阿難、羅睺羅所願。住立一面。

阿難是釋尊的堂弟，也成了佛陀弟子。他服侍釋尊二十五年，一直照料佛陀的生活細節。由於這種關係，一直在佛陀身邊，才能經常聽到釋尊說法，而且擅長默記與背誦。據說佛滅以後，召開第一結集，打算綜合釋尊的教理之際，就由阿難負責誦經。所以，為了要讓釋尊的教理留傳後世，他可說非常賣力。但是，由於他非常善於照料大小事情，一面服侍釋尊，也一面熱心關照教團的同修們，致使自己的修行被耽誤，當釋尊行將進入涅槃時，他似乎還沒有證到阿羅漢果。

羅睺羅是釋尊出家前生下的兒子，羅睺羅是音譯，原字有束縛的意思。釋尊好像早知道羅睺羅出生的事情，忽然洩露了「能束縛自己」的秘密。因此，羅睺羅的名字不是一個好名字。因為他是釋尊的親生兒子，照理說成績會很可觀，但在聲聞修行方面，他表現得並不卓越。傳說羅睺羅好像蠻愛撒謊的樣子。釋尊非常擔心，屢次說法教誨他，這方面的內容仍然留存在『中阿含經』第一四經裡。不管怎樣，阿難與羅睺羅兩人都很滿足有學的境界。然而，舍利弗和四大聲聞，目睹教團許多同修們紛紛得到將來成佛的授記，自己內心也想得到成佛的預言。於是他們稟告佛陀說，我們只有皈依佛，世人都明白我們是釋尊的弟子，阿難是佛陀的侍者，而羅睺羅是佛陀的親生兒子。雖然，他們並沒有極力推荐自己，也沒有哭泣地哀求，卻也像在催促的樣子。連學與無學的兩千名同修也向佛陀表示同樣的盼望。

這樣一來，佛陀首先告訴阿難以下的話。

爾時佛告阿難。汝於來世當得作佛。號山海慧自在通王如來、應供、正遍知、明行足、善逝、世間解、無上士、調御丈夫、天人師、佛、世尊。當供養六十二億諸佛護持法藏。然後得阿耨多羅三藐三菩提。

佛陀預言阿難將來會成為山海慧自在通王如來。誠如上述，阿難在釋尊晚年，二十多年一直伺候釋尊，把釋尊的教理全都默記在心上了。「護持法藏，然後得阿耨多羅三藐三菩提。」這段經文即表示這方面的情節。

授予羅睺羅的記別是，他的來世會成為蹈七寶華如來，同時告訴其他學與無學的兩千名聽衆，他們將來全都會成為寶相如來的佛名。

但到目前為止，佛陀還不曾預言過女性出家人（比丘尼）將來會成佛。當然，對比丘尼也可以授記。在〈勸持品〉第十三會談到這一點，請讀下面一段經文。

爾時佛姨母摩訶波闍波提比丘尼。與學無學比丘尼六千人俱。從座而起一心合掌。瞻仰尊顏目不暫捨。於時世尊告憍曇彌。何故憂色而視如來。汝心將無謂我不說汝名授阿耨多羅三藐三菩提記耶。憍曇彌。我先總說一切聲聞皆巳授記。今汝欲知記者。將來之世當於六萬八千億諸佛法中為大法師。及六千學無學比丘尼俱為法師。汝如是漸漸具菩薩道。當得作佛。號一切衆生喜見如來、應供、正遍知、明行足、善逝、世間解、無上士、調御丈夫、天人師、佛、世尊。憍曇彌。是一切衆生喜見佛。及六千菩薩。轉次授記得阿耨多羅三藐三菩提。爾時羅睺羅母耶輸陀羅比丘尼作是念。世尊於授記中獨不說我名。佛告耶輸陀羅。汝於來世百千萬億諸佛法中。修菩薩行為大法師漸具佛道。於善國中當得作佛。號具足千萬光相如來、應供、正遍知、明行足、善逝、世間解、無上士、調御丈夫、天人師、佛、世尊。佛壽無量阿僧祇劫。

其中提到摩訶波闍波提，她是釋尊的姨媽，也是釋尊的母親摩耶夫人的妹妹。常稱「憍曇彌」者，正是指摩訶波闍波提。另有耶輸陀羅這位女性，乃是羅睺羅的母親，即釋尊出家前的妻子。

第六章　弘法活動㈠（法師品第十，見寶塔品第十一）

且說『梁塵秘抄』有一首歌提到〈法師品第十〉，那首歌是：

倘若身穿忍辱衣　身上會有戒香的涼意
如果戴上弘誓瓔珞　就會散發五智的光輝

如來滅後，善男子和善女人說『法華經』時，到底該以怎樣的感受來解說呢？經文上有一段話是：「進入如來的房間，穿上如來的衣服，坐如來的寶座，為了回應四衆，必須開講這部經。如來的房間，是指一切衆生中的大慈悲心。如來的衣服，是指柔和忍辱的心。如來的寶座，是指一切法的空。安住在其間，然後以不懈怠心，為諸菩薩與四衆，廣泛弘揚法華經。」

這三種心情可以代表如來的衣服，也不妨解釋「倘若身穿忍辱衣」這句話。

至於「身上會有戒香的涼意」，係指那些生活上遵守佛戒的人，自然地會有清涼快感在身邊飄蕩著。弘誓譬喻身上裝飾瓔珞。只要懷有如此心情，身體姿勢端莊，發誓宣揚法華一佛乘的話。身內會具備五種智慧——這就是歌詞的大意了。

前章的主題談到——若了解『法華經』的教法，自然能成佛，釋尊預言他將來能成佛才可以如願。其間談到成佛方法很簡單，好像他只要膜拜佛塔，或念唱「南無阿彌陀佛」，就能成佛一樣，甚至只要信佛，就能成佛了。

但是，其他大乘佛教團體，似乎都批評這項論點。而且，傳統佛教也對這一點加以指責。因為提到原始佛教以來，像舍利弗、目連和大迦葉等最受尊敬，也最忠實佛陀的弟子都出來，指稱他們由於相信法華一佛乘，將來才能成佛作祖。因為傳統的觀念，始終堅持「行的佛教」。

然而，『法華經』卻屬於「信的佛教」，依據當時的常識來說，法華一佛乘是很難解又難信的佛教，故被傳統佛教看成異端。這些非難與批判，似乎形成一股風氣在迫害『法華經』的信徒了。相反地，『法華經』的信徒們也擔憂這種迫害會不會斷絕『法華經』的教法呢？於是，他們湧起一股堅強的信念，專心護持正法，堅決要讓『法華經』留傳後世。

〈法師品〉以下的內容，即是談論這項觀點。

這位法師是說法師，不過，原始佛教所謂法師，卻有不同的意義，dharmabhāṇaka 意指「說法的人」。從大乘佛教形成以後，這方面似乎有了新的詮釋。

誠如上述，釋尊不僅授記別給聲聞衆，而且也預言傳持『法華經』的法師，將來也會成佛作祖。這就是〈法師品〉的內容。

爾時世尊。因藥王菩薩。告八萬大士。藥王。汝見是大衆中。無量諸天、龍王、夜叉、乾闥婆、阿修羅、迦樓羅、緊那羅、摩睺羅伽、人與非人、及比丘、比丘尼、優婆塞、優婆夷。求聲聞者。求辟支佛者。求佛道者。如是等類。咸於佛前。聞妙法華經一偈一句。乃至一念隨喜者。我皆與授記。當得阿耨多羅三藐三菩提。佛告藥王。又如來滅度之後。若有人聞妙法華經。乃至一偈一句。一念隨喜者。我亦予授阿耨多羅三藐三菩提記。若復有人。受持讀誦解說書寫妙法華經。乃至一偈。於此經卷。敬視如佛。種種供養。華香瓔珞末香塗香燒香。繒蓋幢幡。衣服伎樂。乃至合掌恭敬。藥王當知是諸人等。已曾供養十萬億佛。於諸佛所成就大願。愍衆生故。生此人間。

這段經文談到我們需求佛理有各種形式，不論如何，若能在佛前聽聞『法華經』的一偈一句，甚至只有隨喜其中一偈一句，也能得到佛陀的授記或預言。所謂一偈，通常叫做四句偈，係由四個句子組成的短文。例如「諸惡莫作，衆善奉行，自淨其意，是諸佛教。」（七佛通戒偈）換句話說，『法華經』是很龐大的經，即使不能全部護持，只要透過其中一句文章，發起隨喜之心，照樣能得到佛陀的預言會成佛。

然而，護持『法華經』有五種方式，就是受持、讀、誦、解說和抄寫。凡肯實踐這些方式的人，叫做「五種法師」。

另外，看待『法華經』像看待佛陀一樣，也不妨供養華、香、瓔珞、抹香、塗香、燒香、繒蓋、幢幡、衣服和伎樂，這樣叫做「十種供養」。凡肯這樣護持和供養『法華經』的人，早在遙遠的過去，就已經修行有成就，由於他們憐憫衆生，才會出生人間，讓『法華經』免於受到迫害，並能流行人世。直截了當地說，只有用這五種或十種護持和供佛陀出世的本懷——『法華經』才對。

爾時佛復告藥王菩薩摩訶薩。我所說經典無量千萬億。已說今說當說。而於其中。此法華經最為難信難解。藥王。此經是諸佛祕要之藏。不可分布妄授與人。諸佛世尊之所守護。從昔已來未曾顯說。而此經者。如來現在。猶多怨嫉。況滅度後。

藥王當知。如來滅後。其能書持讀誦供養為他人說者。如來則為以衣覆之。又為他方現在諸佛之所護念。是人有大信力及志願力諸善根力。當知是人與如來共宿。則為如來手摩其頭。藥王。在在處處。若說若讀若誦若書。若經卷所住處。皆應起七寶塔。極令高廣嚴飾。不

需復安舍利。所以者何。此中已有如來全身。此塔應以一切華香瓔珞。繒蓋幢幡。伎樂歌頌。供養恭敬。尊重讚歎。若有人得見此塔。禮拜供養。當知是等皆近阿耨多羅三藐三菩提。

這段經文說出傳統佛教和其他大乘教團迫害『法華經』的信徒。換句話說，許多護持『法華經』和弘揚一佛乘的人，都遭到迫害，當時，如來曾經用衣服來保護。這件衣服指「忍辱衣」，也是柔和忍辱的心。總之，如有人敵視『法華經』，甚至迫害『法華經』的護持者時，只要用柔和心接觸『法華經』的敵視者，結果也能忍受層出不窮的迫害。若能受持與誦讀『法華經』，身上會俱備大信力、志願力與善根力，而且會跟如來一起生活。藉此功德才能面對種種迫害。

其次是禮拜『法華經』的功德。經文教示我們，應該以『法華經』的經卷為禮拜對象，要建塔莊嚴地供養下去。通常，塔是存放釋尊的舍利，也叫做塔婆，來自 stūpa 字的音譯。然而，這裡所說的塔不是這種塔，它的原字是 caitya，指支提或廟。據說這種塔不必祭祀釋尊的舍利，因為佛是以『法華經』的姿態住在裡面。

藥王。譬如有人渴乏須水。於彼高原穿鑿求之。猶見乾土。知水尚遠。施功不已轉見濕土。遂漸至泥。其心決定知水必近。菩薩亦復如是。若未聞未解未能修習是法華經者。當知是人

去阿耨多羅三藐三菩提尙遠。若得聞解思惟修習。必知得近阿耨多羅三藐三菩提。所以者何。一切菩薩阿耨多羅三藐三菩提皆屬此經。此經開方便門。示真實相。是法華經藏深固幽遠。無人能到。今佛教化成就菩薩。而為開示。

所謂「一切菩薩阿耨多羅三藐三菩提，皆屬此經。」意指一切諸佛的證悟，全都出自這部經典。乍見之下，也許覺得言過其實，不過，那些護持『法華經』的信徒們也能從此得到自信，倒是不爭的事實。

誠如上述，這部經先對各種不同能力和程度的衆生，講解三乘的教義，之後，才不斷向芸芸衆生開示，透過法華經一佛乘也都能成佛作祖，然而，這部教理既難理解，又不易取信於人，意指『法華經』的旨趣不是那麽簡單能夠理解的。若要了解它的深妙旨趣，彷佛在高崗上努力挖井一般。這就是「高原穿鑿」的譬喻。

這段譬喻恐怕我們不太能明白，因為我們只要挖掘到四、五公尺的深度，通常就能觸及水源，輕易得到井水了。若跟印度的情形相比，顯然印度挖井會遇到極大的困難。例如在印度挖井時，如果不穿透堅硬的岩石，就碰不到水流了。從碑文裡，經常可見信徒們挖井捐贈寺廟的記載。好像捐贈水井的事，也許不必特地建造紀念碑，但在印度挖井供養水，也是相當艱難的事業，而且會得到相當程度的尊敬。

另一段說，凡講『法華經』的人，在說法時應有何種心得與感受呢?直截了當地說，他們會有大慈大悲與柔和忍辱兩種心，另外也能體悟諸法皆空的教理。

藥王。若有善男子善女人。如來滅後。欲為四衆說是法華經者。云何應說。是善男子善女人。入如來室。著如來衣。坐如來座。爾乃應為四衆廣說斯經。如來室者。一切衆生中大慈悲心是。如來衣者。柔和忍辱心是。如來座者。一切法空是。安住是中。然後以不懈怠心。為諸菩薩及四衆。廣說是法華經。

當時，若要廣泛弘揚『法華經』，會遭到各種迫害，真是困難重重。但若不畏一切艱難，努力弘揚法華一佛乘的說法師，則會得到如來的各種護衛。換句話說，〈法師品〉的內容是，催促這部經典能夠廣宣流佈。

至於〈見寶塔品〉，不妨先看『梁塵秘抄』所記載的歌詞。

在靈山界會的大空上　用力打開寶塔的門扉
兩位佛並肩坐在一起　忍不住歡喜地膜拜

所謂靈山界會，係釋尊開示『法華經』的地方，即是那座靈鷲山。它的上空是指地中湧起的多寶如來塔，浮現在高空中，所以才唱出「靈山界會的大空上」。在這座寶塔中，有永遠過去佛多寶如來，和現在佛釋迦如來，並肩而坐，膜拜而得無限歡喜，以上是歌詞大意。

爾時佛前有七寶塔。高五百由旬。縱廣二百五十由旬。從地湧出住在空中。種種寶物而莊校之。五千欄楯。龕室千萬。無數幢幡以為嚴飾。垂寶瓔珞。寶鈴萬億而懸其上。四面皆出多摩羅跋栴檀之香。充遍世界。其諸幡蓋。以金銀琉璃車渠瑪腦真珠玫瑰七寶合成。高至四天王宮。三十三天。雨天曼陀羅華供養寶塔。餘諸天龍、夜叉、乾闥婆、阿修羅、迦樓羅、緊那羅、摩睺羅伽、人非人等。千萬億衆。以一切華香瓔珞幡蓋伎樂。供養寶塔。恭敬尊重讚歎。爾時寶塔中出大音聲歎言。善哉善哉。釋迦牟尼世尊。能以平等大慧教菩薩法、佛所護念、妙法華經、為大衆說。如是如是。釋迦牟尼世尊。如所說者。皆是真實。

寶塔是指多寶塔。這裡是多寶佛與釋迦佛並肩而坐的塔。當釋尊開示『法華經』之際，突然從大地下湧起一座巨塔。

接著，從塔中發出多寶如來的巨大聲音，證明釋尊說法的真實性。這位多寶如來是在永遠過去成就的佛，他有過下面一句誓願才能成佛。這項本願是，開示『法華經』之際，必然會湧出寶塔，證明這次說法是真實不妄，等於一句誓願。

爾時佛告大樂說菩薩。此寶塔中有如來全身。乃往過去東方無量千萬億阿僧祇世界。國名寶淨。彼中有佛。號曰多寶。其佛行菩薩道時。作大誓願。若我成佛。滅度之後。於十方國土。有說法華經處。我之塔廟。為聽是經故。湧現其前為作證明。讚言善哉。

且說一位名叫大樂說的菩薩，請教釋尊什麼原因？而這段經文正是佛陀回答他的內容。「此寶塔中，有如來全身」，意指這座地下湧出來的巨塔裡，有一位全身舍利的多寶如來，而全身舍利是指即身成佛的身體。

大樂說菩薩希望膜拜這位全身舍利的佛身。

佛告大樂說菩薩摩訶薩。是多寶佛有深重願。若我寶塔。為聽法華經故出於諸佛前時。其有欲以我身示四衆者。彼佛分身諸佛。在於十方世界說法。盡還集一處。然後我身乃出現耳。大樂說。我分身諸佛。在於十方世界說法者今應當集。

大樂說白佛言。世尊。我等亦願欲見世尊分身諸佛。禮拜供養。

若要膜拜多寶如來，必須要能滿足一項條件。那是表示多寶佛的深重誓願。換句話說，開示『法華經』的佛（釋迦佛）——他的分身諸佛，被派到十方世界宣揚法華一佛乘，也都要前來齊集，多寶如來才會現身出來。因此，釋尊使分身諸佛聚集在靈鷲山上，吩咐他們讓這個娑婆世界成為一塊淨土。這樣一來，膜拜多寶如來身的條件才算是具備，所以，釋尊才掀開那座寶塔的大門。

爾時釋迦牟尼佛。見所分身佛悉已來集。各各坐於師子之座。皆聞諸佛與欲同開寶塔。即從座起住虛空中。一切四衆起立合掌一心觀佛。於是釋迦牟尼佛。以右指開七寶塔戶。出大音聲。如卻關鑰開大城門。即時一切衆會。皆見多寶如來。於寶塔中坐師子座。全身不散如入禪定。又聞其言。善哉善哉。釋迦牟尼佛。快說是法華經。我為聽是經故。而來至此。爾時四衆等。見過去無量千萬億劫滅度佛。說如是言。歎未曾有。以天寶華聚。散多寶佛及釋迦牟尼佛上。爾時多寶佛。於寶塔中分半座。與釋迦牟尼佛而作是言。釋迦牟尼佛。可就此座。即時釋迦牟尼佛。入其塔中坐其半座。結跏趺坐。爾時大衆。見二如來在七寶塔中師子座上。結跏趺坐。各作是念。佛座高遠。唯願如來以神通力。令我等輩俱處虛空。即時釋迦牟尼佛。以神通力。接諸大衆皆在虛空。以大音聲普告四衆。誰能於此娑婆國土廣說妙法華經。今正是時。如來不久當入涅槃。佛欲以此妙法華經付囑有在。

寶塔的門被釋尊打開後，裡面有一張師子座，只見永遠過去，即身成佛的多寶如來現出坐禪姿態，他的身體完整無缺，好端端地坐著。而且還發話說：「善哉、善哉，釋迦牟尼佛快說是法華經，我為聽是經故，而來至此。」竭力在讚嘆釋尊。接著，多寶佛邀請釋迦牟尼佛進入寶塔裡，將自己的座位讓出一半，請釋尊入座了。

所謂坐其半座，意指過去佛多寶如來，和現在佛釋尊，都能進到空中聳立的寶塔裡面，致使釋尊座下的衆生都看不到釋尊的蹤跡了。

這樣一來，他們都很想接近寶塔去聽聞釋尊說法，希望如來能用神通來提高自己的身體，到五百由旬高的寶塔。

結果，釋尊果然大顯神通，將一大群人接引到虛空上。之後到〈囑累品〉第二十二以前，釋尊的說法並不是在靈鷲山，而是跑到虛空中飄浮的寶塔裡了。

『法華經』在這裡忽然湧出一座寶塔，難免讓人感到奇怪。但是，這完全關係到正法的永遠性問題。

總之，因為這個緣故，首先必須充分認識『法華經』即是正法。在『法華經』裡，這一點可用過去佛多寶如來的出現來證實。其次，談到釋尊入滅後，關於正法的傳承問題，釋尊要找些肯將身心奉獻給正法與傳承事業的人。

所謂付囑，等於交待侍承的負責人。所以，這段末尾有極重要的意義。不過，這段付囑，倒不是釋尊暗地裡看中某個特定人，而是請過去佛多寶如來為見證人，同時，也招募一群來自全世界，齊集在現在佛釋尊的分身者前面的傳承者，進行交待事宜。

第七章　弘法活動(二)（提婆達多品第十二，勸持品第十三，安樂行品第十四）

〈見寶塔品〉談到釋尊交待那些人，要好好把『法華經』在以後世流通各地，接著是〈提婆達多品〉第十二，倒沒有談到任何關係於付囑的內容。反而在〈勸持品〉第十三裡談論到了。那麼，在〈見寶塔品〉第十一，和〈勸持品〉第十三之間，為何要插入〈提婆達多品〉呢？這一點似乎很難令人理解。

不過，這一章很重要，我們應該依序研讀下去。

如衆所周知，提婆達多是釋尊的堂兄弟。原來，釋尊的父親淨飯王有五個兄弟，而淨飯王排行老大。據說提婆的父親排行第三，而他的兒子有提婆達多和阿難。所以，他們自幼開始，就是很好的玩樂伙伴，同時，就某方面來說，也成為勁敵了。後來，提婆達多皈依佛教，成為釋尊的弟子了。不料，待釋尊年老時，他力勸釋尊引退，讓自己來領導教團。結果，反而遭到釋尊嚴厲地斥呵一頓。

例如有下面一段傳說——提婆達多靠神通讓阿闍世王心服，也收他為弟子，而阿闍世王是當時中印度上有勢力的國君。這位國王為了供養自己心目中的提婆達多，每天準備五百人份的伙食。結果，讓不少佛弟子認為做了提婆達多的弟子，可能享有山珍海味，衣食無憂，致使極多人前來投奔提婆達多了。提婆達多為了收買阿闍世王的關心，就竭力顯現神通，有時化做一個嬰孩，坐在國王膝蓋上遊玩——。據說國王將自己手掌上的唾液，讓提婆達多用嘴巴去舐。結果，釋尊諷刺他是個舐口水的人，口吻相當嚴峻的把他斥責一頓，怎麽也不肯把教團讓他來指導。

在這種情況下，提婆達多當然恨死了釋尊。

然而，『法華經』上說，提婆達多在過去世曾經是釋尊的師父。幸蒙他的指點，釋尊才能得到圓滿的修行成果。還提到提婆達多得到預言會成佛。通常，大家把提婆達多看成壞人。反之，佛陀的慈悲倒不是特別寬容這種德行的提婆，而是本著衆生平等的原則。有人說〈提婆達多品〉可能是以後補充進去的，縱然如此，它被插進『法華經』裡也可說有些奇怪。實際上，本章沒有出現提婆達多。

爾時世尊。欲重宣此義。而說偈言

我念過去劫　為求大法故

雖作世國王　不貪五欲樂

椎鐘告四方　誰有大法者
若為我解說　身當為奴僕
時有阿私仙　來白於大王
我有微妙法　世間所希有
若能修行者　吾當為汝說
時王聞仙言　心生大喜悅
即便隨仙人　供給於所須
採薪及菓蓏　隨時恭敬與
情存妙法故　身心無懈倦
普為諸衆生　勤求於大法
亦不為己身　及以五欲樂
故為大國王　勤求獲此法
遂致得成佛　今故為汝說

佛告諸比丘。爾時王者。則我身是。時仙人者。今提婆達多是。由提婆達多善知識故。令我具足六波羅蜜。慈悲喜捨。三十二相八十種好。紫磨金色。十力、四無所畏、四攝法、十八不共、神通道力。成等正覺廣度衆生。皆因提婆達多善知識故。告諸四衆。提婆達多卻後過無量劫。當得成佛。號曰天王如來、應供、正遍知、明行足、善逝、世間解、無上士、調御丈夫、天人師、佛、世尊。世界名天道。

且說釋尊在過去世當國王時代，不會貪求五欲，反而只求偉大的正法。他曾向全國發佈通告，只要誰懂得大法，肯解說給我聽，我也願意做他的奴隸。不久，來了一位阿私仙人表示，只要肯依我的教法修行，我就會給你說明大法。國王非常欣喜，立刻出家拜仙人為師，研修無上教法。說完後，釋尊開示那位仙人是提婆達多，而那位國王是我自己。當時曾向仙人學習六波羅蜜、四無量心和四攝法，並得力他的專心指導。之後，預言提婆達多將來會成天王如來佛。

但在〈提婆達多品〉裡，卻談到一則著名的「龍女成佛」的故事。

文殊師利言。我於海中。唯常宣說妙法華經。智積問文殊師利言。此經甚深微妙。諸經中寶。世所希有。頗有衆生勤加精進。修行此經速得佛不。文殊師利言。有娑竭羅龍王女。年始八歲。智慧利根。善知衆生諸根行業。得陀羅尼。諸佛所說甚深祕藏悉能受持。深入禪定了達諸法。於剎那頃發菩提心。得不退轉。辯才無礙。慈念衆生猶如赤子。功德具足。心念口演。微妙廣大。慈悲仁讓。志意和雅。能至菩提。智積菩薩言。我見釋迦如來。於無量劫、難行苦行。積功累德求菩提道。未曾止息。觀三千大千世界。乃至無有如芥子許非是菩薩捨身命處。為衆生故。然後乃得成菩提道。不信此女於須臾頃便成正覺。

龍女成佛在討論那位跟隨多寶如來的智積菩薩和文殊菩薩的談話。先有智積菩薩發問，你到那裡去弘揚佛教呢？文殊回答，我到海裡教化娑竭羅龍王和他的家屬們。在此特別提到一位年僅八歲的龍女。這名龍女非常有智慧，在文殊的教化下，瞬息間就發了菩提心，得到不退轉地步。意指龍女成佛了。智積菩薩聽了表示懷疑，連釋尊都要費很長時間來修行，才能證悟成佛，怎麽一名八歲的龍女，竟然在瞬息間成就正覺呢？簡直令人難以置信哩。

爾時舍利弗語龍女言。汝謂不久得無上道。是事難信。所以者何。女身垢穢非是法器。云何能得無上菩提。佛道懸曠經無量劫。勤苦積行具修諸度。然後乃成。又女人身猶有五障。一者不得作梵天王。二者帝釋。三者魔王。四者轉輪聖王。五者佛身。云何女身速得成佛。

爾時龍女有一寶珠。價值三千大千世界。持以上佛。佛即受之。龍女謂智積菩薩尊者舍利弗言。我獻寶珠世尊納受。是事疾不。答言甚疾。女言。以汝神力觀我成佛。復速於此。當時衆會皆見龍女。忽然之間變成男子。具菩薩行。即往南方無垢世界。坐寶蓮華成等正覺。三十二相八十種好。普為十方一切衆生演說妙法。爾時娑婆世界、菩薩、聲聞、天龍八部、人與非人。皆遙見彼龍女成佛。普為時會人天說法。心大歡喜。悉遙敬禮。

不僅智積菩薩疑念重重，連舍利弗也說「女身非法器」，疑心她怎會成佛呢？『法華經』把舍利弗的觀點看成一種錯誤。其實，龍女是在大家眼前成佛，故可叫龍女成佛。又在經文裡說，龍女變成男人，之後才成佛的。旨在教示衆生成佛的形象，縱使生為女身也照樣可以成就正覺。

接著看〈勸持品〉第十三——。

勸持的意思是，規勸世人傳持『法華經』。

爾時藥王。菩薩摩訶薩。及大樂說菩薩摩訶薩。與二萬菩薩眷屬俱。皆於佛前作是誓言。唯願世尊不以為慮。我等於佛滅後。當奉持讀誦說此經典。後惡世衆生。善根轉少。多增上慢。貪利供養。增不善根。遠離解脫。雖難可教化。我等當起大忍力讀誦此經。持說書寫。種種供養不惜身命。

〈見寶塔品〉有一句話：「誰能於此娑婆國土，廣說妙法華經。今正是時，如來不久當入涅槃。佛欲以此妙法華經付囑有在。」而緊接的是這段經文。

釋尊圓寂後，招募一批佛弟子——奉獻身心給正法傳承者前來，只見藥王菩薩與大樂說菩薩，以及二萬眷屬，都到佛前發誓，雖然以後教化有困難，碰到惡濁之世，我們也會本著忍辱心，傳持『法華經』。之後，五百位阿羅漢也發出同樣的誓願。但因這個娑婆世界，功德淺薄，所以想去別的世界傳持這部經典。

即時諸菩薩俱同發聲。而說偈言

唯願不為慮　於佛滅度後
恐怖惡世中　我等當廣說
有諸無智人　惡口罵詈等
及加刀杖者　我等皆當忍
惡世中比丘　邪智心諂曲
未得謂為得　我慢心充滿
或有阿練若　衲衣在空閑
自謂行真道　輕賤人間者
貪著利養故　與白衣說法
為世所恭敬　如六通羅漢

是人懷惡心　常念世俗事
假名阿練若　好出我等過
而作如是言　此諸比丘等
為貪利養故　說外道論議
自作此經典　誑惑世間人
為求名聞故　分別於是經

〈勸持品〉談到惡濁世界裡，廣宣流佈正法『法華經』時，會遭到形形色色的迫害。例如有人講解法華一佛乘，為的是得到名聞利養，甚至指責『法華經』不是正法，屬於外道的辯論。總之，被人排斥在佛教以外。雖然，藥王與大樂說等菩薩發誓要以忍辱心，面對這些迫害，也會到處弘揚這部經典。

反過來說，他們能夠在迫害中宣佈這部經的精神與優點。

〈勸持品〉非常強調那些弘揚法華一佛乘的人，會遭到許多刀杖瓦石的羞辱加害。許多人聽了也許會猶豫，不想去弘揚法華一佛乘了。倘若有這種心理準備去弘揚，世人就能安心接受『法華經』了。這是〈安樂行品〉第十四的內容。受持『法華經』的人，會有四種安樂行——身安樂行、口安樂行、意安樂行、慈悲安樂行。

爾時文殊師利法王子菩薩摩訶薩白佛言。世尊。是諸菩薩甚為難有。敬順佛故發大誓願。於後惡世護持讀說是法華經。世尊。菩薩摩訶薩。於後惡世云何能說是經。佛告文殊師利。若菩薩摩訶薩。於後惡世。欲說是經。當安住四法。

一者安住菩薩行處及親近處。能為衆生演說是經。文殊師利。云何名菩薩摩訶薩行處。若菩薩摩訶薩。住忍辱地。柔和善順而不卒暴。心亦不驚。又復於法無所行。而觀諸法如實相。亦不行不分別。是名菩薩摩訶薩行處。

云何名菩薩摩訶薩親近處。菩薩摩訶薩。不親近國王王子大臣官長。不親近諸外道梵志尼犍子等。及造世俗文筆讚詠外書。及路伽耶陀、逆路伽耶陀者。亦不親近諸有兇戲、相扠相撲、及那羅等種種變現之戲。又不親近旃陀羅及畜豬羊雞狗、畋獵漁捕諸惡律儀。(中略)

復次菩薩摩訶薩觀一切法空。如實相。不顚倒不動不退不轉。如虛空無所有性。一切語言道斷。不生不出不起。無名無相。實無所有。無量無邊無礙無障。但以因緣有。從顚倒生。故說常樂觀如是法相。是名菩薩摩訶薩第二親近處。

佛教裡常有許多菩薩會出現，上首屬於文殊菩薩，後來被看成佛位的繼承人，而稱呼他「法王子」。早從永遠的過去開始，文殊就在實踐菩薩行，其實也完成了菩薩行。無奈，他為了要度盡天下蒼生，才不願早些成佛，而寧願一直留在菩薩階段。又有人說他比釋尊更早就親近佛教了。

例如，『阿闍世王經』這部古老的經典上也談到釋尊早在幼童時代，有一天，從文殊菩薩手中得到一塊糖果，美味可口，忍不住跟著文殊背後，走到寺廟，於是，在文殊菩薩的指引下進入佛教世界了。

「是諸菩薩」即〈勸持品〉裡所說的菩薩，他們縱使遇到各種迫害，也要將法華一佛乘在世間弘揚下去。「甚為難有」的「為」，是跟「敬順佛故，發大誓願，於後惡世，護持讀說是法華經。」這一段有關係。意指任何惡世都會勤勉護持『法華經』，並敢不惜身命，也要廣宣流佈這部經的菩薩，事實上簡直沒有。因此，文殊菩薩提出問題，如果預想這種迫害，那將以什麼樣的心情講述『法華經』才好呢？

所謂「於法無所行」，意指不要執著去開示『法華經』的教法。因為不管怎樣美好的東西，只要執著不化，都會成為苦惱的種因。那麼，「觀諸法如實相，亦不行不分別」係指世人要能忠實地接受萬物原貌。當然，這是非常困難的事。例如，我在大學教書的同事，他的兒子（小學六年級）不幸得了惡性腦瘤。顯然沒有治癒的希望了。說來也可憐，為人父要觀察如實之相，並不那麼容易。若跟別人一比較，年紀輕輕的小學童，眼見活不下去，對他本人而言，無疑相當薄命，實在沒有福報。事實上卻一點兒辦法也沒有。依我看，不要跟別人做比較，不妨在本人允許的條件下，在有生之年，痛痛快快地過日子。

如果這樣去思考，也等於觀察如實之相了。

我們若在比較中過日子，誓必會強烈地體驗到苦惱的滋味。因為一直跟別人做比較，實在比不完。還是在自己的能力範圍下，生龍活虎地過日子，因為其間潛伏有成佛的契機，我想，這也可說是一種菩薩行處才對。

所謂四法，即是上述的身、口、意和慈悲等四安樂行。這裡不妨先談談身安樂行。「行處」是實踐或準備，而「親近處」是指對象。那是指菩薩安住於開示『法華經』時的心理準備，和說教對象之間——換句話說，不必跟對方爭執，只要認真開示『法華經』的話，就能在和睦中弘揚法華一佛乘了。在如此和睦中說教，才叫做安樂行。所謂行處，具體上指些什麼呢？

依釋尊說，這方面有兩種：一種是柔和忍辱心；另一種是，不要執著『法華經』。「不分別」指無區別，或無鴻溝。人活在世間，必須要分別你我他，面對不同對象，展開不同的往來。這樣，自然會形成一種差別世界，這是不能避免的事實。倘若要說法，就不能在和睦中說教並收到預期的效果。

親近處指向芸芸衆生都能講述『法華經』。它分成「初親近處」和「第二親近處」兩個部份。首先指出，不要向國王、王子、大臣、官長，婆羅門階級的人（梵志），和耆那教徒（尼犍子）等佛教以外的宗教人員（外道），或文人墨客等人親近。其次，也不宜親近路伽耶陀、逆路伽耶陀。因為他們也是佛教以外的宗教，通常被譯作唯物論者。

釋尊在世時，印度各種宗教面對一項共同的大課題，即所謂「善惡業的異熟果」。異熟果是指結果的性質，跟原因性質不一樣，例如，善行可得樂果，惡行會得苦果，而這種樂或苦即是異熟果。到底有沒有這些業的異熟果呢？倒成為宗教家之間一項重大問題了。佛教與耆那教都認同這種異熟果，無異認為我們的精神活動以後都沒有殘存的力量了。但是，他們只說肉體活動，會有明顯的結果出來，故得重視它。這應該叫做「唯物」才對。至於逆路伽耶陀的具體主張，則不太清楚。

另外，也主張不要接近那些幹凶戲，摔跤等身體劇烈活動的人，首陀羅（當時印度的最低階層者），飼養家畜，從事狩獵與漁業的人。

倘若完全遵守上面的記載條件，那麼，幾乎所有的人都無法接近，也不能向他們開示『法華經』了。然而，這段文章的真意，好像表示不宜站在這種差別立場接觸芸芸衆生才對。換句話說，並非接近國王、外道或狩獵等人，而是應該以個人的身份去親近與說法才對。如果以差別心待人，難免對人的態度會因人而異，或惶恐或輕蔑，這樣會失去弘法的意義。不論如何，都要本著柔和忍辱的心，以不執著、無分別的立場，以天下蒼生為對象，熱忱地講述『法華經』才對——。

我想，這才是實踐身安樂行的關鍵所在。（初親近處）

其次是第二親近處。一切法（萬物）應該是如實相（原貌），都充滿它的存在意義。關於這一點，倘若不理解「空」的道理，就不會明白這個詮釋了。例如，某人做好事，所以是個大好人，倘若僵硬地認定他是個好人的話，那麼，即使他偷人的東西，結果也照樣是好人。殊不知其間並沒有所謂好人的實體。如果在學習，就是學生，如果在教學，就是教師；如果學生在學校兼差，也就變成教師了。意思是，必須依據行為來了解這個人。某人犯罪被懲罰，的確不是好事，但依佛教的觀點，倒不認為他一直是個壞人，也不執著他是個壞人的觀點。再壞的人，只要洗心換面，頃刻間也會成為好人——。其所以能夠這樣，起因於人類的存在，本質上即是空也，如實相的意思。

這是很難做得到的，然而，事物的本來面目正是如此，若能真正體悟這種見解，才能脫離一切苦惱——釋尊的主張是如此。

所謂「如虛空，無所有性」，意指不能擁有。我們似乎以為肉體與財產等，都屬於自己的，其實這些也不能擁有。因為連自己的肉，也會在無意間不斷地變化，讓我們無可奈何。所謂擁有，根本是無的放矢。

「一切語言道斷」係指一切法都不能用言語來表示或說明。一切事物大體上固然可用語言來說明，卻也無法讓人完全了解。

例如，說到書房一張桌子，不論言語說得如何詳細，大家也不能正確地明白到底是怎麼樣的一張桌子？只有聽到言語說明，透過自己的體驗，才能徹底明白是怎樣的桌子？因為語言不能充分說明事實。

「但以因緣有」意指緣起這種東西，係靠緣而起的現象。緣是生起我們的周圍力量。例如，父母的遺傳性質，雖非自己的東西，卻也仰賴它才能生起自己——。因為有道理可從別人轉換為自己。我們靠因緣才能生於世間，而這種緣份卻處處連繫著，同時，在這種世界性的關聯裡，也有自己的存在，而在自己裡也含蓋整個世界。換句話說，在自己身上有一股普遍性力量。眼前地球上有五十多億人口，其中卻無一人跟自己完全相同。在這方面，通常叫做生命的尊嚴，但在另一方面，在每個人之間，也含有總共五十多億人的力量，這種觀點即是佛教的緣起觀。

又文殊師利。如來滅後。於末法中欲說是經。應住安樂行。若口宣說若讀經時。不樂說人及經典過。（中略）但以大乘而為解說。令得一切種智。

這一段談到口的安樂行。雖然，語言沒有辦法充分說明事實。但若不用語言，也沒有辦法弘揚教理了。因此，語言的重要性，非比尋常；在應酬場合，一定得靠語言來推行和睦的世界，或祥和的氣氛，這就是口安樂行了。

首先，要告誡大家的是，開示『法華經』之際，避免批評別的宗教，也不宜誇毀其他經典。因為這樣的言行會引發爭執，結果，必喪失法華一佛乘廣宣流佈的機會，故此，說法時必須慎重這一點才好。

又文殊師利。菩薩摩訶薩。於後末世法欲滅時。受持讀誦斯經典者。無懷嫉妒諂誑之心。亦勿輕罵學佛道者求其長短。若比丘、比丘尼、優婆塞、優婆夷。求聲聞者。求辟支佛者。求菩薩道者。無得惱之令其疑悔。語其人言。汝等去道甚遠。終不能得一切種智。所以者何。汝是放逸之人。於道懈怠故。又亦不應戲論諸法有所諍競。當於一切衆生起大悲想。於諸如來起慈父想。於諸菩薩起大師想。於十方諸大菩薩。常應深心恭敬禮拜。於一切衆生平等說法。

這一段談到意安樂行。所謂「後末世」，倒不是指末法。釋尊的教法為正法一千年，意謂教法正式傳承一千年。但在開始五百年，的確有正法在流通。第二個五百年，正法會漸漸步上毀滅時代。『法華經』上也這樣記載。在後段末法時期，係指第二個五百年。那時，要提到怎樣受持『法華經』?經文上列舉嫉妒、奉承、欺騙、輕蔑、謾罵和缺點等指責。到底要以怎樣的心態待人接物呢?只有對「一切衆生起大悲想」，才是意安樂行的要點。

又文殊師利。菩薩摩訶薩。於後末世法欲滅時。有持是法華經者。於在家出家人中生大慈心。於非菩薩人中生大悲心。應作是念。如是之人則為大失。如來方便隨宜說法。不聞不知不覺不問不信不解。其人雖不問不信不解是經。我得阿耨多羅三藐三菩提時。隨在何地。以神通力智慧力。引之令得住是法中。

文殊師利。是菩薩摩訶薩。於如來滅後。有成就此第四法者。說是法時無有過失。常為比丘、比丘尼、優婆塞、優婆夷、國王、王子、大臣、人民、婆羅門、居士等。供養恭敬尊重讚歎。虛空諸天為聽法故。亦常隨侍。若在聚落城邑空閑林中。有人來欲難問者。諸天晝夜。常為法故而衛護之。能令聽者皆得歡喜。所以者何。此經是一切過去未來現在諸佛神力所護故。

慈悲安樂行也叫做誓願安樂行。人世間到底要建立什麼目標呢?無疑是人生極重要的事。若要達到這項目標，需要誓願。再者，這項目標如果為的是別人，宜稱為「誓願」，倘若純粹為自己，就叫做「戒」了。「戒」與「誓願」是大乘佛教的兩大特徵。

因為要弘揚『法華經』的人，早已跟受持『法華經』者同屬一類，故宜用大慈心相待，而那些不懂『法華經』的人，仍在苦惱世界裡，活得叫苦連天，故宜用大悲心相待——。所以叫做慈悲，而且，這也是為了別人的緣故，故含有誓願的意思。反正透過神通與智慧等力量，希望能引人進入『法華經』的正確信仰，才會形成誓願安樂行。

所謂「成就第四法」——這裡的第四，並非指慈悲安樂行。因為下面的經文敍述身、口、意與慈悲等四項安樂行，所以，實踐四安樂行的結果，到底有那些功德呢？若能完全理解這四項安樂行，那麼，開示『法華經』並無過失，當然不在話下，而且也會得到許多人的供養、恭敬、尊重與讚嘆。總之，意思是若能實踐四項安樂行，那麼，就能妥善地引導衆生進入『法華經』的世界裡了。

且說「過去、未來、現在」，通常是指時間的流程為「過去、未來、現在」。誠如溫故知新的意思，一切典型已經存在過去。這即是佛教的「過去、未來、現在」。的確，由過去朝向現在，同時我們也因為考慮未來，才會在現在仔細考量。例如，元月份還沒來到，不過，它終究會來到眼前。

總之，這樣會形成一種流程，即未來會變成現在，而現在會變成過去。「過去、現在、未來」的過去，叫做歷史，學習或懂得歷史，無疑不可忽視。同時，考量未來，並在現在採取行動也非常重要。

佛教的時間論點是，由未來變成現在，再從現在轉向未來的一種時間流程。

另在〈安樂行品〉後面有一則譬喻。『梁塵秘抄』收集一首歌，也談到這則譬喻，歌詞是這樣的：

輪王頭上有光芒　隱藏很久無人知曉
只要聽了法華經　伸手可得頭上寶珠

所謂輪王是指轉輪聖王，而轉輪聖王的作風是，不靠戰爭平定四天下，據說這位國王的頭髮裡暗藏明珠（寶珠），會發出微妙的光芒。然而，國王卻暗中隱藏這顆明珠，不向任何人透露，致使周圍無人知曉。

這樣，才有這首歌說：「輪王頭上有光芒，隱藏很久無人知曉」。

這段譬喻釋尊隱藏很真實的教法，始終沒有說出來。因為太隨便說明真實教法，難免招致世人的誤解。真實教法很深奧，若用言語表示出來，總會變成猥褻的東西。如讓人誤解它，反而會遠離這麼珍貴的真實教法了——。

事實上，真實教法含有這種危險性。所以，釋尊發現聽衆的機根成熟，大家心裡準備要接受深妙的教法時，自然會開示這套真實法義，這即是『法華經』的內涵。歌詞上說：「只要聽了法華經，伸手可得頭上寶珠。」意指那些人聽了『法華經』這部最高明的教法，正如同得到輪王頭髮中暗藏的明珠一樣有功德。

第八章　無量生靈與救度（如來壽量品第十六，觀世音菩薩普門品第廿五）

討論〈如來壽量品〉第十六以前，必須先談談前述的〈從地湧出品〉第十五。〈從地湧出品〉的內容直接連接〈見寶塔品〉第十一。〈見寶塔品〉談到釋尊開示法華一佛乘時，一座巨大的多寶佛塔從地底出現，逐漸飄上天空，塔裡有釋尊與多寶如來並肩同坐，那時，釋尊透露自己滅度日子快到了。接著，他問佛滅後，有誰肯替代自己將法華一佛乘流佈人間呢？顯然在招募「滅後的弘法」人才。在這種情況下，一大群弟子紛紛自告奮勇，報出名號，然而，釋尊並沒有答應。關於佛滅後的弘法問題，〈從地湧出品〉談到六萬恆河沙的菩薩，各自率領六萬恆河沙那樣多弟子，從大地中湧出來。

所謂六萬恆河沙，意指數量非常多，大約有恆河細沙的六萬倍。多得近乎無數的菩薩。突然從地下出現，一般聽衆都覺得不可思議。再者，釋尊說這群菩薩全是自己的徒衆，到底真正意思如何呢？我們並不清楚。原因是那時的釋尊，據說成道四十年，已年屆七十五歲了。由此看來，僅僅四十年歲月，就能教化六萬恆河沙那樣多個弟子，在常識上說，實在不易讓人明白。

表面上，釋尊出身釋迦族的王子，三十五歲才成道，其實不僅這樣，他說自己從證悟以來，經歷無量時間了。換句話說，在極長的時間裡，才教化有六萬恆河細沙的弟子。從此，才牽涉到跡門與本門的觀點。本門指本地，而跡門指重跡的意思。所謂重跡，意謂佛為了教化衆生，才從本地現出人身到這個世界。本來的佛沒有身影，才叫做「法身」。由此可知，沒有形跡的佛陀，我們凡夫很難了解，而為了教化人間，他只好現出人身了。因為釋尊生於釋迦族的王子，卅五歲前往中印度的伽耶城開悟成道。故稱「伽耶近成佛」。『法華經』的前半部——從開始到〈安樂行品〉第十四，都在開示重跡佛教，故叫做跡門。反之，「從地湧出品」第十五以後，才開始談論重跡佛的本地（叫做久遠實成佛），故稱它為本門。

釋尊相當於「伽耶近成佛」，在開示『法華經』，他在這種教說裡，開顯自己也是「久遠實成佛」，早從永遠的過去就成佛證悟了。這是〈從地湧出品〉的內容。之後，〈如來壽量品〉第十六談到久遠實成佛的壽命到底有多長呢？

至於〈如來壽量品〉的內容，『梁塵秘抄』上也收錄一首歌：

佛在靈山淨土上　既不返淨土也不現身
既無開始也無終結　所說一切皆是法花

通常，大家都說釋尊生在釋迦族的王宮，活到八十歲才入涅槃。但在〈壽量品〉上說，即使我們的肉眼看不到，釋尊卻永遠住在靈鷲山的淨土上了。這位久遠實成之佛，相當於歌詞「佛在靈山淨土上，既不回淨土也不現身，既無開始也無終結。」這位釋尊從永遠的過去開始到未來，開示各種教法，若將它歸納起來，統統都是法華一佛乘，意指「統統皆是法花」。這首歌詞倒也充分表白了〈壽量品〉的旨趣。

爾時佛告諸菩薩及一切大眾諸善男子。汝等當信解如來誠諦之語，復告大眾。汝等當信解如來誠諦之語。又復告諸大眾。汝等當信解如來誠諦之語。

是時菩薩大衆。彌勒為首合掌白佛言。世尊。唯願說之。我等當信受佛語。如是三白已。復言唯願說之。我等當信受佛語。

爾時世尊。知諸菩薩三請不止。而告之言。如等諦聽。如來祕密神通之力。一切世間天人及阿修羅。皆謂今釋迦牟尼佛出釋氏宮。去伽耶城不遠坐於道場。得阿耨多羅三藐三菩提。然善男子。我實成佛已來。無量無邊百千萬億那由他劫。

若要了解佛教，信解一詞會顯得非常重要。在日常生活裡，我們會體驗到先有「信」，之後透過「信」字，才會逐漸理解教理內容。如果不信，自然忽視教理的深度，結果，也體會不到它的內涵了。這是佛教的基本觀點。情況彷彿我們要了解一個人，如果信任對方，就很難了解他的優點。佛教所以會非常重視信仰，理由就在此。因此，佛教的信仰，不會莫名其妙地相信自己不懂的事。佛教的「信」字，會跟理解息息相連。原因是：「佛教的大海，要靠信才能進去，要靠智才能度」。

由此可見，我們要能進入佛教，就得信仰它，若跟信字連接，自然會變成智慧。這是「靠智才能度」的道理。惟有這種智慧才能讓我們從迷惑之岸，渡過覺悟的岸上。因此，從信往智的方向，才是佛教所說的信仰。

另外，若要創造各類佛教藝術的作品，也需要這種信仰。有道是真善美，意指我們要理解真理，才有能力去創造美感。

且說如來表白久遠實成佛的壽命時，還是不能缺少信字。因此，佛才說過三次「汝等當信解如來誠諦之語」。如來的秘密是，在伽耶近成的人間釋尊裡面，暗藏有「久遠實成佛」，這是在永遠過去就已經成佛的意思。而且其壽命被看成無量無邊。

我成佛已來。復過於此百千萬億那由他阿僧祇劫。自從是來。我常在此娑婆世界說法教化。亦於餘處百千萬億那由他阿僧祇國導利衆生。諸善男子。於是中間。我說燃燈佛等。又復言其入於涅槃。如是皆以方便分別。

在這裡，釋尊說自己常住在這個娑婆世界裡，但是，我們看不見他的形跡。原因是他以無形佛陀的身份存在。真理是無形的東西，佛教稱這套真理為「真如」與「如」。從「如」裡出來的人，即是如來。換句話說，來自無形的「如」的世界，而呈現人形者，或真如化成人身示現者，即是伽耶近成身的釋尊。因為「如」是真理世界，叫做沒有時間的世界，故從永遠的從前起，即是不變的存在了。所以，領悟這套真理的人，就形同真理，其間含有釋尊「已得不死」的意味。久遠實成的佛，正是不死世界那位佛陀，若單以壽命長短來說，真理是沒有壽命的。

這麼說來，所謂久遠實成的佛，到底是怎麼樣的佛陀呢？以天台大師為首的一群中國學僧，曾提出各種見解。它的要點叫做「報身佛陀」。

關於佛身也有各類說法，但通常分成三類——法身、報身和應身（化身）。法身即是理身。意指理就是法身。那是無形的佛陀。所謂報身，意指過去修行所回報的佛，表示釋尊覺悟那個世界，那也是無形的。久遠實成的佛，可以解作那位報身佛。再者，我們凡夫卻看不見這位報身佛。菩薩有十個階段，可以叫做十地，據說到達初地菩薩時，就能聽得到報身佛的教法了。應身指應對或應接的身體，那是對我們有直接緣份的佛。相當於伽耶近成佛的釋尊，為了向世人說教，就得現出身形，那就是示現人身的佛陀。

由此可見，伽耶近成佛是應身佛，而久遠實成佛是示現報身的佛。只要有了這個念頭，再來讀佛經時，便會容易理解了。

燃燈佛的燃燈，意指燃燒著燈火。雖然，佛教是直接靠釋尊自己弘揚出來，但它的根本即是一項真理。所以，在過去，也必然有人跟釋尊一樣，曾經顯示這項真理，到處弘揚它。這群佛陀可以叫過去佛。追溯既往，那位最先覺悟真理的佛，就叫做燃燈佛了。總之，這位佛最先將佛教的燈火傳承世間，故也叫做定光如來。

釋尊跟永恆的真理結合為一體，本來屬於常住之身。被看做燃燈佛，他所以要入涅槃，只不過將它看做一種方便，為了教化衆生，而實行的各種手段。釋尊所以會有久遠實成的壽命活在世間，理由是應該教化的人太多了。這段經文是：

「種種說法，所作佛事，未曾暫廢。如是我成佛已來。甚大久遠。壽命無量阿僧祇劫。常住不滅。諸善男子。我本行菩薩道，所成壽命，今猶未盡，復倍上數。然今非實滅度。而便唱言『當取滅度』。如來以是方便，教化衆生。」

簡單地說，佛的壽命無邊，係根據他的慈悲心，企圖救度天下蒼生。

倘若事實如此，那麼，就有人懷疑釋尊為何在八十歲要入滅呢？因為應該教化的衆生還不計其數，照理應該活在世間，接引衆生學佛才對呀！這是很單純的疑問。現在正是釋尊入滅，而彌勒尚未成道，被稱為無佛的時代。無佛是指我們遇不到佛，這跟上述的佛語相互對照時，豈不成了矛盾？關於這一點，〈如來壽量品〉有以下一段話。

> 所以者何。若佛久住於世。薄德之人不種善根。貧窮下賤貪著五欲。入於憶想妄見網中。若見如來常在不滅。便起憍恣而懷厭怠。不能生難遭之想恭敬之心。是故如來以方便說。比丘當知。諸佛出世難可值遇。所以者何。諸薄德人。過無量百千萬億劫。或有見佛或不見者。以此事故。我作是言。諸比丘。如來難可得見。斯衆生等聞如是語。必當生於難遭之想。心懷戀慕。渴仰於佛。便種善根。是故如來。雖不實滅而言滅度。又善男子。諸佛如來法皆如是。為度衆生皆實不虛。

佛若有常住的壽命，大家會覺得任何時候都可以去聽佛說話，結果，反而會不太熱心佛的教理，失去佛法難遇的感覺了。於是，釋尊說為了方便起見，何妨自己入滅。這段〈如來壽量品〉的後面，也有類似其他章節的偈語，簡述釋迦牟尼佛的世界（靈山淨土）。它以「自我得佛來　諸經諸劫數　無量百千萬　億載阿僧祇」為開端，稱為〈自我偈〉，倒是很著名的偈語。

其次是深受歡迎的『觀音經』，即是〈觀世音菩薩普門品〉第二十五。

在鳩摩羅什譯的『法華經』裡，稱為「觀世音菩薩」，但在『般若心經』叫做「觀自在菩薩」。如衆所周知，這是唐玄奘的譯語，當然，大家都會懷疑誰譯的才對呢？其實，誰都沒有錯，因為各人譯文的原字有變化所使然。

現存『般若心經』的梵文，叫做 Avalokiteśvara。其中，avalokita 的意思是「被看到了」，相當於「觀」字，而 iśvara 是指自在神，玄奘大師將此字譯作「觀自在」。至於鳩摩羅什所見到的原字為 Avalokitasvara，其中的 Svara 指「音」的意思。自古以來，到底是其中那個字才對呢?衆說紛紜，莫衷一是。不論怎樣，Avalokitasvara 這個字沒有觀世音的「世」字。但是，阿彌陀如來的前身，叫做法藏菩薩，有人認為這個法藏曾在世自在王佛座下修行，此事出在『無量壽經』。這位自在王佛叫做 Lokeśvara，如果說他是觀世音，那麼，其間也許有世間的意味。

我採用的原書是鳩摩羅什的譯本，也許是二世紀前後的作品，算是很古老的梵文了。當然，目前沒有保存下來。現在，我們所能看到的『法華經』梵文本，還相當新，屬於十三—十四世紀的抄寫本，我們不能說它是鳩摩羅什所翻譯的。

有一本「正法華經」比鳩摩氏更早出現，出自竺法護的譯筆，其間把觀音譯作「光世音」。若要譯 avalokita 字，倒也適合用「光」字。因為還有「音」字，這字在竺法護所用的原本中亦曾出現。而且，那裡面也有「世」字。所以，竺法護與鳩摩羅什所用的舊『法華經』上，也有意味世間的詞語，其中意味頗不尋常。

章名叫做普門，詳稱為「普門示現」。那是〈普門品〉尾端。持地菩薩稟告佛說：「世尊，若有衆生，聞是觀世音菩薩品自在之業，普門示現神通力者，當知是人功德不少。」之後出現的。普門示現，即是觀音的神通力。意指從各個門現身出來。觀音菩薩認為示現佛身，方便救人時，他就會化身為佛去救人，如果認為示現為國王可以救人時，他也會化身國王去救人了。因此，他只是為了方便救人，就會示現適宜的身份出現人間。所以，觀音的神通是要救度有緣的衆生。觀音因為擁有這樣大的本事，才是名符其實的救苦救難。

像這樣靠觀音菩薩的功德，能夠得救的經驗，在世間多得不勝枚舉，而重要的關鍵，還是在於有信仰的緣故。信仰的力量，恕不贅述，通常，我們認為活在世間是憑自己的力量。其實世人係依靠很多其他力量活下去。很多人平時不注意自己不但靠大自然的力量活下去，也同時得到別人力量，與世間力量的護持。由此可見，我們自以為好像憑自己的力量生活，殊不知世間也無法任我們為所欲為。於是，我們常有滿腹牢騷，否則，也會發覺自己的無力感，而覺得要依靠強大的力量才能活下去，這種觀念在日常生活上非常重要。

總之，在基本上，我們在生活中要時時懷有感恩心，在這種情況下，知道自己生活的世界，顯然得力於觀音菩薩的護持，惟有這種認知存在，才能成立觀音信仰的基礎。

爾時無盡意菩薩即從座起。偏袒右肩合掌向佛而作是言。世尊觀世音菩薩。以何因緣名觀世音。佛告無盡意菩薩。善男子。若有無量百千萬億衆生受諸苦惱。聞是觀世音菩薩。一心稱名。觀世音菩薩即時觀其音聲。皆得解脫。若有持是觀世音菩薩名者。設入大火。火不能燒。

由是菩薩威神力故。若為大水所漂。稱其名號即得淺處。若有百千萬億眾生。為求金銀琉璃車𤦲瑪瑙珊瑚琥珀真珠等寶。入於大海。假使黑風吹其船舫。飄墮羅剎鬼國。其中若有乃至一人。稱觀世音菩薩名者。是諸人等。皆得解脫羅剎之難。以是因緣名觀世音。

在『法華經』前半部，佛陀對舍利弗等人開示，到了後半部，才對眾菩薩說明各種教法。在「普門品」裡，首度出現無盡意菩薩。無盡的意思是無窮盡，而意是指心，或決意。據悉無盡意菩薩出現在諸類大乘經典裡，這位菩薩發過誓願，想要救度無量無邊的眾生，才因此得名的。

「偏袒右肩」是披戴袈裟的方式。因為印度位於熱帶風土，佛教教團的成員如果一人獨處時，只要覆蓋腰部，而可讓上半身呈裸體。但若跟人面對面談話，或聆聽佛陀的教法時，就不允許如此的穿扮了。此時，身上要穿戴七條袈裟。即使這樣，這七條袈裟也只披在左肩上，可讓右肩露出來。這叫做「偏袒右肩」。但是，也有另一種「通肩」的袈裟披戴方法，那就是讓雙肩納入袈裟裡面，通常用「偏袒右肩」比較多些。這也是向對方表現尊敬，無盡意菩薩用這種偏袒右肩方式，向佛合掌，請教觀音菩薩的名稱來歷。

此時，只聽佛陀這樣說。——在這個世間有芸芸眾生存在，不僅人類有苦惱，任何生靈都不例外。倘若這群眾生肯一心念唱觀音的聖號，那麼，觀音菩薩就會觀聲音，即刻去解除他的苦惱。所謂觀世音一詞，就是從這樣來的。

一心念唱聖號，具體上說，即是「南無觀世音菩薩」。南無即是皈依。一心求助觀音菩薩的力量。觀音能夠觀得到這群衆生的央求之聲——。這樣就是觀察聲音，但通常的聲音是靠聽聞的。無如，一旦成了佛，修行的結果是六根清淨。這是指眼睛、耳朵、鼻孔等感覺器官很清淨，而且感覺也十分敏銳。

總之，到了這種境界時，大家都認為可以靠眼睛聽到聲音，也可靠耳朵看得見東西了。結果，就能詳談觀世音能夠救度那些碰到七種災難的衆生。

這七種災難是火難、水難、風難、刀杖難、羅剎難、枷鎖難、怨賊難等七項。例如，其中有一項：「若為大水所漂，稱其名號即得淺處。」意指觀音菩薩能夠救度那些碰到水上災難的人。

我有一位好朋友，曾有在河裡遊玩被水溺死過一次。當時，他雖然盼望有人來解救，無奈，始終沒人來救助，他只好任由水衝入身內，結果好像被水溺死了。其實不然，他的身體任由水勢流動，在不知不覺裡被流到淺灘上去，才好不容易撿回這一條性命了。我想，他似乎平時擁有堅強的意識，知覺自己的存在會得到某種巨大力量的支援，才能活得下去。

除了水難，也還有風難——「為求金銀財寶而入於大海」，這一句也意味水上災難。在印度，從紀元前五、六世紀左右起，就盛行國際貿易，不斷跟中東與埃及等西方人打交道了。當然，他們只有靠船隻通商。黑風是一種強風，也會挾著豪雨，往西去的船隻一旦遭遇這種強風，經常會漂流到錫蘭島上，甚至不幸被當地人殺害，這種例子似乎時有所聞。因此，有人把該島看做羅剎居住的島。

現在，錫蘭的國名叫做斯里蘭卡，殊不知斯里是非常可喜可賀的意思。總之，那個島國是個極佳所在，而從前叫做錫蘭島，反而指恐怖羅剎居住的地方。縱使不幸漂流到這種鬼怪居住的島上，只要肯一心念唱南無觀世音菩薩，那麼，就能靠菩薩的威力得到保護，而免於災禍。觀世音的意思是，指他能觀察到那些念唱南無觀世音菩薩的衆生的聲音，即刻前去救助他們，讓他們免於災難。

若三千大千國土滿中怨賊。有一商主將諸商人。齋持重寶經過嶮路。其中一人作是唱言。諸善男子勿得恐怖。汝等。應當一心稱觀世音菩薩名號。是菩薩能以無畏施於衆生。汝等。若稱名者。於此怨賊當得解脫。衆商人聞。俱發聲言南無觀世音菩薩。稱其名故即得解脫。無盡意。觀世音菩薩摩訶薩。威神之力巍巍如是。

在印度，橫度沙漠的商隊，不時遇到盜賊，慘被殺害。這一段正是指他們遇到賊難而獲救的情景。這裡值得一提的是，觀音菩薩也常常施予無畏，故叫做「施無畏」。

這位菩薩會布施無所畏懼。這是精神性的，不論處在任何危險處，若不知其危險性，那麼，我們會無所畏懼。由此看來，畏懼是存在心裡的東西。那倒不一定是某種實體——。白天走路，即使很安全的路途，一到夜晚單獨上路時，就會有畏懼感了，兩者的道路相通。在這種情況下，只要堅信有觀世音菩薩在護持自己，那就什麼都不怕了。因此，觀音可以施出無畏，又叫做「施無畏尊者」。

無盡意菩薩白佛言。世尊。觀世音菩薩。云何遊此娑婆世界。云何而為衆生說法。方便之力。其事云何。佛告無盡意菩薩。善男子。若有國土衆生應以佛身得度者。觀世音菩薩。即現佛身而為說法。應以辟支佛身得度者。即現辟支佛身而為說法。應以聲聞身得度者。即現聲聞身而為說法。（中略）

應以執金剛神得度者。即現執金剛神而為說法。無盡意。是觀世音菩薩。成就如是功德。以種種形遊諸國土度脫衆生。是故汝等。應當一心供養觀世音菩薩。是觀世音菩薩摩訶薩。於怖畏急難之中能施無畏。是故此娑婆世界。皆號之為施無畏者。

且說普門示現者，觀世音菩薩會示現三十三身。原來，觀音菩薩早已修行完畢，功德圓滿了，但他仍停在菩薩階段，為了要救度衆生。生生世世救度芸芸衆生之際，可以用「玩樂」

一詞。若把救度當做玩樂，也許含有隨便的意思。不過，我們不妨想一想自己的經驗，似乎也有這種情形。例如，我研究佛學快要六十年了，在年輕時代，的確覺得這樣花工夫苦讀很辛苦，後來才逐漸讀出樂趣來。總之，研讀之餘也不忘玩樂，才使兩者合而為一。工匠也是這樣，若不邊做邊玩，恐怕很難有傑作出現。

我想，這位觀世音菩薩救度衆生大概也有這方面的意味吧？

當然，救度衆生一定要有各種善巧方便，那些方便即是三十三身的變化。三十三身之首為佛身，呈現佛身的觀音，為的是親近衆生。此外，觀音也會化身為辟支佛、聲聞、梵王、帝釋天、自在天、大自在天、天大將軍、毘沙門、小王、長者、居士、宰官、婆羅門、比丘、比丘尼、優婆塞、優婆夷、長者、居士、宰官、婆羅門的婦女、童男、童女、天、龍、夜叉、乾闥婆、阿修羅、迦樓羅、摩睺羅伽、執金剛神等身形。

由此可見，觀世音菩薩化現各種身份出現在世人面前。我們覺得自己的確是靠著各種大力護持，才能活下去，同時也需要其他多方面的力量支援，故宜懷著感激的心。此時，我們會強烈地意識到觀音的力量在護持自己，才會去信仰觀音。

後面有一段偈語，其間最膾炙人口的是「念彼觀音力」，另有觀音菩薩能察知世間疾苦的聲音，那是因為他有一雙慈悲的眼睛，而最著名的一首偈是：「慈眼視衆生　福聚海無量」。

第九章　發起道心（普賢菩薩勸發品第二十八）

『法華經』的最後一章是〈普賢菩薩勸發品〉第二十八，也稱為結經的『觀普賢菩薩行法經』，不妨仔細一讀，當做本書的結語。

〈普賢菩薩勸發品〉，是普賢菩薩向佛陀發誓要鼓勵，和保護那些受持『法華經』的信徒，整個話題的精神在吐露這一點。

爾時普賢菩薩。以自在神通力。威德名聞。與大菩薩無量無邊不可稱數從東方來。所經諸國普皆震動。雨寶蓮華。作無量百千萬億種種伎樂。又與無數諸天龍、夜叉、乾闥婆、阿修羅、迦樓羅、緊那羅、摩睺羅伽、人非人等大衆圍繞。各現威德神通之力。到娑婆世界耆闍崛山中。頭面禮釋迦牟尼佛。右繞七匝白佛言。世尊。我於寶威德上王佛國。遙聞此娑婆世界說法華經。與無量無邊百千萬億諸菩薩衆。共來聽受。唯願世尊。當為說之。若善男子善女人。於如來滅後。云何能得是法華經。

佛告普賢菩薩。若善男子善女人。成就四法。於如來滅後。當得是法華經。一者為諸佛護念。二者殖衆德本。三者入正定聚。四者發救一切衆生之心。善男子善女人。如是成就四法。於如來滅後必得是經。

爾時普賢菩薩白佛言。世尊於後五百歲濁惡世中。其有受持是經典者。我當守護。除其衰患令得安隱。（中略）

讀誦此經。我爾時乘六牙白象王。與大菩薩衆俱詣其所。而自現身。供養守護。安慰其心。亦為供養法華經故。

普賢菩薩的能力，非同小可。經典上說他有「自在神通力」。總之，他的修行功力非比尋常。佛教的創始者——釋尊所以能大徹大悟，得力於自己刻苦修行，而這些修持微妙甚深，很難一五一十地敍述出來。因此，在佛教世界裡，就企圖用普賢菩薩的修行方式，來凸顯釋尊的修行。換句話說，普賢菩薩成了釋迦如來在修行方面的代表人。所以，若要禮拜普賢菩薩，無異敬仰他的刻苦和認真的行持——。結果，才能從其中的修持中體悟到普賢菩薩。

諸如此事，例如在『法華經』上也提到行者修持佛道之際，都會處處呈現普賢菩薩。當然，這位菩薩的現身在守護和鼓勵修行者。

由此看來，普賢菩薩可以表現釋尊修行的佛德，殊不知佛陀身邊另一位是文殊菩薩——

他表現佛陀的智慧。

普賢菩薩——理定行（騎白象）

文殊菩薩——智慧證（騎獅子）

人類除了感情外，也還有各種特性存在，但若問起人的本性到底為何物時，那就是智慧了。那麼，只有發揮和落實人類天生的智慧，活在人間才有目的。

我們出生人間，並非事先攜帶有那些目的？但若冷靜一想，我們是因為要做人才會降臨這個世界上。所以，人生的目的，倒不是一面生活，一面等待別人的賜予，而是必須要靠自己尋找上述的目的才對。

這時候，為人處世的巨大目標，可說在自動發掘與生俱有的智慧，這才是佛教的立場。佛教的基本解釋是，這個智慧跟釋尊領悟的智慧，毫無差異，而且這個智慧可以文殊菩薩為代表來顯示，還有普賢菩薩負責實現這項智慧——。這就是了解佛德的方式了。

再者，智慧因為能以堅猛力量切斷迷惑，所以在造形上讓文殊菩薩騎上獅子。但所謂普賢行者，意謂實踐之勇猛也。如果缺乏堅決的意志力，那就無法貫徹修行德目了。但在勇猛奮發之餘，也在造形上表現柔和姿態，好讓勇猛威勢潛伏於內，這就是騎在六牙白象背上的普賢菩薩了。

不論如何，這位普賢菩薩曾在佛前發誓，會好好護持那些信受『法華經』的信徒。

且說普賢在佛前現身，受到無數菩薩們的層層包圍，他們都來自東方。這個東方就是『法華經』在開始，即釋尊將要開示法華一佛乘時，從眉間白毫放光出來照射的東方世界，也是向聽衆示現各種奇瑞的東方。東似乎指過去。我們不妨設想時間反正由東邊向西邊移動。如果談到時間的推移，就會牽連到怎樣掌握過去與未來的問題了。一般來說，我們是由於過去的行為，才有現在的自己；也由於有現在的自己，才會有未來的自己，同樣地，我們要用過去→現在→未來這樣的方式，來掌握時光的推移。

然而，時間是沒有實體的東西，就某方面看來，時間無異是從未來向前跑來的，例如，一星期後的開學典禮，會逐漸靠近自己——。開學那天就會變成現在，剛一開始就被放進過去的事實裡了。換句話說，所謂未來→現在→過去這種時間的推移也不妨做如此觀。但在這部法華經裡，似乎是從東方（過去）向西方（未來）的時間推移。那就是指釋迦牟尼曾經刻苦修行，結果到今天才成就如來，這個可以意味那位代表如來修行的普賢菩薩，係打從東方來的。

普賢菩薩不僅受到衆多大菩薩們的包圍，也被無量的大衆前呼後擁，來到釋迦牟尼佛前面，敬謹虔誠地向佛膜拜，並稟告下面一段話——我是遠在東方寶威德上王佛的國家，但我獲悉釋尊要在這個娑婆世界開示『法華經』，才特地前來聽聞一佛乘的教法。請您講解好嗎？普賢說完話後，又打聽釋尊入滅後，善男子和善女人應該怎樣受持『法華經』呢？因為〈勸發品〉屬於『法華經』的最後一章，才會提起如來滅後，怎樣受持『法華經』的問題。

所謂善男子和善女人，係指在家的大乘佛教徒。面對這個問題，佛陀的答覆是，若想受用『法華經』的話，必須要成就四法。

「法」有各種不同意思。例如善法與惡法一樣，惡也有其法也。總之，存在世間的東西，全都是法也。不論我們的心態多麼醜惡，也是一種法的存在。但佛教認為那是一種表面，不論表面上是多麼染污的心，不久，它也會轉換成開悟的智慧。

誠如親鸞上人所說：「會變成煩惱菩提之水。」意指煩惱的冰融解時，會原原本本地成為證悟的智慧之水。換句話說，名實相符的「法」，屬於善的東西，從這一點看來，善是法，而惡是非法。由此可知，就某方面說，惡法為法，但就某方面說，它也不是法。我要指出的是，「法」含蓋各種意思。因此，這四法之法，意指卓越的能力。

總之，只要具備四種卓越的能力，如來滅後，才能受持法華經。這四法是：佛所護念，殖諸德本，入正定聚，發救一切衆生之心。

所謂「佛所護念」是，有一種信念明白自己一直得到佛的保衛。『法華經』的「序品」裡提到，這部經係得到諸佛護念的。所謂「殖諸德本」，意指厚植善根。在生活上，我們對自己的行為不要求報酬，無如，這樣不能培植德本。如果做善事，卻不希望回報——才是佛教的善，也叫做「培植德本」。

所謂「正定聚」，是指發現一條通達目的的正途，之後才步入正途。意思是步入正途，旨在得到佛智也。最後是「發救一切衆生」，意指決心救度一切有情衆生。只要具備這四種心態與德行，才有非凡力量在如來滅後得到『法華經』。

普賢菩薩聽完佛陀的話，才明示要守護所有『法華經』的受持者。不消說，普賢掌管佛的行持，只要誰肯實踐這四項法，誰就能看見他的身影。

關於看見普賢菩薩的形跡問題，就要提到誰若肯思考與誦讀『法華經』，誰就能目睹普賢的形跡。結果，才能體悟三昧與陀羅尼。三昧指瞑想世界，陀羅尼是 dhāraṇi 字的音譯，被譯作「總持」。那是一種不忘受持教法的記憶能力。

爾時釋迦牟尼佛讚言。善哉善哉。普賢。汝能護助是經。令多所衆生安樂利益。汝已成就不可思議功德深大慈悲。從久遠來。發阿耨多羅三藐三菩提意。而能作是神通之願。守護是經。我當以神通力守護能受持普賢菩薩名者。普賢若有受持讀誦正憶念。修習書寫是法華經者。當知是人則見釋迦牟尼佛。如從佛口聞此經典。當知是人供養釋迦牟尼佛。

這一段是因為普賢菩薩發出誓願，要守護如來滅後，肯受持『法華經』的人們，所以，釋尊發出讚嘆的回答。換句話說，因為有一位普賢菩薩會好好守護『法華經』，所以，我會保護那些受持『法華經』，也看見普賢菩薩的信徒，再有那些善於誦讀、抄寫和實踐『法華經』的人，會彷彿直接聽到佛陀親口說出的教法，和供養佛釋尊一樣。

因此，凡是受持『法華經』的人，會看見普賢菩薩騎著六牙白象的姿態，其實，也有別的經典類似這種情狀。因為它跟觀普賢菩薩行法經的〈勸發品〉內容頗有關聯，所以，天台大師把這部『觀普賢菩薩行法經』當做『法華經』的結經了。

依我看，一般人都認爲『觀普賢菩薩行法經』出現在『法華經』之後，才很適合當做結經。其間，談到普賢菩薩觀，那表示六根懺悔法。所謂懺悔，即是坦露或表白自己所犯下的罪業。

大體上說，一般人都希望自己所做的好事，能夠名揚四海，同時企圖要隱藏自己的歹事，它會讓人想起來很苦惱。大家希望坦露出來讓人知道，才能解除心頭的重擔。反正就是向佛陀，和社會表白自己所犯的罪業——

據悉這樣懺悔也是大乘佛教一項重要的修行方法。藉這種懺悔，至少可讓自己的身心獲得相當清淨（六根清淨）。

另有天台大師除了指出結經以外，也同時把『無量義經』看做『法華經』的開經。原因是，他認為釋尊開示『無量義經』，為的是要在以後開示『法華經』。換句話說，開示『無量義經』是開示『法華經』的先前工作。所以，『法華經』計有八卷，加上上述的開經與結經，自古以來，都認為應該達到十卷的標準數量。

『無量義經』在敍述無量義，而所謂無量義者，是指釋尊依據衆生各種不同的能力與嗜好，而開示教法來適應他們，使說法變成無量無邊。但在這種無量義的狀況裡，只有表示一件事實，那就是人人皆有佛性，而且誰都能成就佛果。

『法華經』的〈序品〉，首先指出佛在開示「無量義教菩薩法佛所護念」，才進入「無量義處三昧」裡。之後，又從那種三昧裡出來開示『法華經』，但是，天台大師卻將那種無量義解作『無量義經』，並認為『無量義經』才是『法華經』的開經。

大展出版社有限公司	圖書目錄
地址：台北市北投區11204 致遠一路二段12巷1號 郵撥： 0166955～1	電話：(02) 8236031 8236033 傳眞：(02) 8272069

• 法律專欄連載 • 電腦編號 58

台大法學院 法律學系／策劃
法律服務社／編著

①別讓您的權利睡著了1		200元
②別讓您的權利睡著了2		200元

• 秘傳占卜系列 • 電腦編號 14

①手相術	淺野八郎著	150元
②人相術	淺野八郎著	150元
③西洋占星術	淺野八郎著	150元
④中國神奇占卜	淺野八郎著	150元
⑤夢判斷	淺野八郎著	150元
⑥前世、來世占卜	淺野八郎著	150元
⑦法國式血型學	淺野八郎著	150元
⑧靈感、符咒學	淺野八郎著	150元
⑨紙牌占卜學	淺野八郎著	150元
⑩ＥＳＰ超能力占卜	淺野八郎著	150元
⑪猶太數的秘術	淺野八郎著	150元
⑫新心理測驗	淺野八郎著	160元

• 趣味心理講座 • 電腦編號 15

①性格測驗１	探索男與女	淺野八郎著	140元
②性格測驗２	透視人心奧秘	淺野八郎著	140元
③性格測驗３	發現陌生的自己	淺野八郎著	140元
④性格測驗４	發現你的真面目	淺野八郎著	140元
⑤性格測驗５	讓你們吃驚	淺野八郎著	140元
⑥性格測驗６	洞穿心理盲點	淺野八郎著	140元
⑦性格測驗７	探索對方心理	淺野八郎著	140元
⑧性格測驗８	由吃認識自己	淺野八郎著	140元
⑨性格測驗９	戀愛知多少	淺野八郎著	140元

⑩性格測驗10	由裝扮瞭解人心	淺野八郎著	140元
⑪性格測驗11	敲開內心玄機	淺野八郎著	140元
⑫性格測驗12	透視你的未來	淺野八郎著	140元
⑬血型與你的一生		淺野八郎著	140元
⑭趣味推理遊戲		淺野八郎著	140元

•婦 幼 天 地•電腦編號 16

①八萬人減肥成果	黃靜香譯	150元
②三分鐘減肥體操	楊鴻儒譯	150元
③窈窕淑女美髮秘訣	柯素娥譯	130元
④使妳更迷人	成　玉譯	130元
⑤女性的更年期	官舒妍編譯	160元
⑥胎內育兒法	李玉瓊編譯	150元
⑦早產兒袋鼠式護理	唐岱蘭譯	200元
⑧初次懷孕與生產	婦幼天地編譯組	180元
⑨初次育兒12個月	婦幼天地編譯組	180元
⑩斷乳食與幼兒食	婦幼天地編譯組	180元
⑪培養幼兒能力與性向	婦幼天地編譯組	180元
⑫培養幼兒創造力的玩具與遊戲	婦幼天地編譯組	180元
⑬幼兒的症狀與疾病	婦幼天地編譯組	180元
⑭腿部苗條健美法	婦幼天地編譯組	150元
⑮女性腰痛別忽視	婦幼天地編譯組	150元
⑯舒展身心體操術	李玉瓊編譯	130元
⑰三分鐘臉部體操	趙薇妮著	160元
⑱生動的笑容表情術	趙薇妮著	160元
⑲心曠神怡減肥法	川津祐介著	130元
⑳內衣使妳更美麗	陳玄茹譯	130元
㉑瑜伽美姿美容	黃靜香編著	150元
㉒高雅女性裝扮學	陳珮玲譯	180元
㉓蠶糞肌膚美顏法	坂梨秀子著	160元
㉔認識妳的身體	李玉瓊譯	160元
㉕產後恢復苗條體態	居理安•芙萊喬著	200元
㉖正確護髮美容法	山崎伊久江著	180元

•青 春 天 地•電腦編號 17

①A血型與星座	柯素娥編譯	120元
②B血型與星座	柯素娥編譯	120元
③O血型與星座	柯素娥編譯	120元
④AB血型與星座	柯素娥編譯	120元

⑤青春期性教室	呂貴嵐編譯	130元
⑥事半功倍讀書法	王毅希編譯	150元
⑦難解數學破題	宋釗宜編譯	130元
⑧速算解題技巧	宋釗宜編譯	130元
⑨小論文寫作秘訣	林顯茂編譯	120元
⑪中學生野外遊戲	熊谷康編著	120元
⑫恐怖極短篇	柯素娥編譯	130元
⑬恐怖夜話	小毛驢編譯	130元
⑭恐怖幽默短篇	小毛驢編譯	120元
⑮黑色幽默短篇	小毛驢編譯	120元
⑯靈異怪談	小毛驢編譯	130元
⑰錯覺遊戲	小毛驢編譯	130元
⑱整人遊戲	小毛驢編譯	150元
⑲有趣的超常識	柯素娥編譯	130元
⑳哦！原來如此	林慶旺編譯	130元
㉑趣味競賽100種	劉名揚編譯	120元
㉒數學謎題入門	宋釗宜編譯	150元
㉓數學謎題解析	宋釗宜編譯	150元
㉔透視男女心理	林慶旺編譯	120元
㉕少女情懷的自白	李桂蘭編譯	120元
㉖由兄弟姊妹看命運	李玉瓊編譯	130元
㉗趣味的科學魔術	林慶旺編譯	150元
㉘趣味的心理實驗室	李燕玲編譯	150元
㉙愛與性心理測驗	小毛驢編譯	130元
㉚刑案推理解謎	小毛驢編譯	130元
㉛偵探常識推理	小毛驢編譯	130元
㉜偵探常識解謎	小毛驢編譯	130元
㉝偵探推理遊戲	小毛驢編譯	130元
㉞趣味的超魔術	廖玉山編著	150元
㉟趣味的珍奇發明	柯素娥編著	150元
㊱登山用具與技巧	陳瑞菊編著	150元

•健康天地•電腦編號18

①壓力的預防與治療	柯素娥編譯	130元
②超科學氣的魔力	柯素娥編譯	130元
③尿療法治病的神奇	中尾良一著	130元
④鐵證如山的尿療法奇蹟	廖玉山譯	120元
⑤一日斷食健康法	葉慈容編譯	120元
⑥胃部強健法	陳炳崑譯	120元
⑦癌症早期檢查法	廖松濤譯	130元

⑧老人痴呆症防止法	柯素娥編譯	130元
⑨松葉汁健康飲料	陳麗芬編譯	130元
⑩揉肚臍健康法	永井秋夫著	150元
⑪過勞死、猝死的預防	卓秀貞編譯	130元
⑫高血壓治療與飲食	藤山順豐著	150元
⑬老人看護指南	柯素娥編譯	150元
⑭美容外科淺談	楊啟宏著	150元
⑮美容外科新境界	楊啟宏著	150元
⑯鹽是天然的醫生	西英司郎著	140元
⑰年輕十歲不是夢	梁瑞麟譯	200元
⑱茶料理治百病	桑野和民著	180元
⑲綠茶治病寶典	桑野和民著	150元
⑳杜仲茶養顏減肥法	西田博著	150元
㉑蜂膠驚人療效	瀨長良三郎著	150元
㉒蜂膠治百病	瀨長良三郎著	150元
㉓醫藥與生活	鄭炳全著	160元
㉔鈣長生寶典	落合敏著	180元
㉕大蒜長生寶典	木下繁太郎著	160元
㉖居家自我健康檢查	石川恭三著	160元
㉗永恒的健康人生	李秀鈴譯	200元
㉘大豆卵磷脂長生寶典	劉雪卿譯	150元
㉙芳香療法	梁艾琳譯	160元
㉚醋長生寶典	柯素娥譯	元

•實用女性學講座• 電腦編號 19

①解讀女性內心世界	島田一男著	150元
②塑造成熟的女性	島田一男著	150元
③女性整體裝扮學	黃靜香編著	180元
④職業婦女禮儀	黃靜香編著	180元

•校 園 系 列• 電腦編號 20

①讀書集中術	多湖輝著	150元
②應考的訣竅	多湖輝著	150元
③輕鬆讀書贏得聯考	多湖輝著	150元
④讀書記憶秘訣	多湖輝著	150元
⑤視力恢復！超速讀術	江錦雲譯	180元

• 實用心理學講座 • 電腦編號 21

①拆穿欺騙伎倆	多湖輝著	140元
②創造好構想	多湖輝著	140元
③面對面心理術	多湖輝著	140元
④偽裝心理術	多湖輝著	140元
⑤透視人性弱點	多湖輝著	140元
⑥自我表現術	多湖輝著	150元
⑦不可思議的人性心理	多湖輝著	150元
⑧催眠術入門	多湖輝著	150元
⑨責罵部屬的藝術	多湖輝著	150元
⑩精神力	多湖輝著	150元
⑪厚黑說服術	多湖輝著	150元
⑫集中力	多湖輝著	150元
⑬構想力	多湖輝著	150元
⑭深層心理術	多湖輝著	160元
⑮深層語言術	多湖輝著	160元
⑯深層說服術	多湖輝著	180元
⑰潛在心理術	多湖輝著	160元

• 超現實心理講座 • 電腦編號 22

①超意識覺醒法	詹蔚芬編譯	130元
②護摩秘法與人生	劉名揚編譯	130元
③秘法！超級仙術入門	陸　明譯	150元
④給地球人的訊息	柯素娥編著	150元
⑤密教的神通力	劉名揚編著	130元
⑥神秘奇妙的世界	平川陽一著	180元
⑦地球文明的超革命	吳秋嬌譯	200元
⑧力量石的秘密	吳秋嬌譯	180元

• 養 生 保 健 • 電腦編號 23

①醫療養生氣功	黃孝寬著	250元
②中國氣功圖譜	余功保著	230元
③少林醫療氣功精粹	井玉蘭著	250元
④龍形實用氣功	吳大才等著	220元
⑤魚戲增視強身氣功	宮　嬰著	220元
⑥嚴新氣功	前新培金著	250元
⑦道家玄牝氣功	張　章著	180元

⑧仙家秘傳袪病功	李遠國著	160元
⑨少林十大健身功	秦慶豐著	180元
⑩中國自控氣功	張明武著	250元
⑪醫療防癌氣功	黃孝寬著	220元
⑫醫療強身氣功	黃孝寬著	220元
⑬醫療點穴氣功	黃孝寬著	220元

•社會人智囊•電腦編號24

①糾紛談判術	清水增三著	160元
②創造關鍵術	淺野八郎著	150元
③觀人術	淺野八郎著	180元
④應急詭辯術	廖英迪編著	160元
⑤天才家學習術	木原武一著	160元
⑥猫型狗式鑑人術	淺野八郎著	180元
⑦逆轉運掌握術	淺野八郎著	180元

•精 選 系 列•電腦編號25

①毛澤東與鄧小平	渡邊利夫等著	280元
②中國大崩裂		180元

•心 靈 雅 集•電腦編號00

①禪言佛語看人生	松濤弘道著	180元
②禪密教的奧秘	葉逯謙譯	120元
③觀音大法力	田口日勝著	120元
④觀音法力的大功德	田口日勝著	120元
⑤達摩禪106智慧	劉華亭編譯	150元
⑥有趣的佛教研究	葉逯謙編譯	120元
⑦夢的開運法	蕭京凌譯	130元
⑧禪學智慧	柯素娥編譯	130元
⑨女性佛教入門	許俐萍譯	110元
⑩佛像小百科	心靈雅集編譯組	130元
⑪佛教小百科趣談	心靈雅集編譯組	120元
⑫佛教小百科漫談	心靈雅集編譯組	150元
⑬佛教知識小百科	心靈雅集編譯組	150元
⑭佛學名言智慧	松濤弘道著	220元
⑮釋迦名言智慧	松濤弘道著	220元
⑯活人禪	平田精耕著	120元
⑰坐禪入門	柯素娥編譯	120元

⑱現代禪悟	柯素娥編譯	130元
⑲道元禪師語錄	心靈雅集編譯組	130元
⑳佛學經典指南	心靈雅集編譯組	130元
㉑何謂「生」　阿含經	心靈雅集編譯組	150元
㉒一切皆空　般若心經	心靈雅集編譯組	150元
㉓超越迷惘　法句經	心靈雅集編譯組	130元
㉔開拓宇宙觀　華嚴經	心靈雅集編譯組	130元
㉕真實之道　法華經	心靈雅集編譯組	130元
㉖自由自在　涅槃經	心靈雅集編譯組	130元
㉗沈默的教示　維摩經	心靈雅集編譯組	150元
㉘開通心眼　佛語佛戒	心靈雅集編譯組	130元
㉙揭秘寶庫　密教經典	心靈雅集編譯組	130元
㉚坐禪與養生	廖松濤譯	110元
㉛釋尊十戒	柯素娥編譯	120元
㉜佛法與神通	劉欣如編著	120元
㉝悟（正法眼藏的世界）	柯素娥編譯	120元
㉞只管打坐	劉欣如編譯	120元
㉟喬答摩・佛陀傳	劉欣如編著	120元
㊱唐玄奘留學記	劉欣如編譯	120元
㊲佛教的人生觀	劉欣如編譯	110元
㊳無門關（上卷）	心靈雅集編譯組	150元
㊴無門關（下卷）	心靈雅集編譯組	150元
㊵業的思想	劉欣如編著	130元
㊶佛法難學嗎	劉欣如著	140元
㊷佛法實用嗎	劉欣如著	140元
㊸佛法殊勝嗎	劉欣如著	140元
㊹因果報應法則	李常傳編	140元
㊺佛教醫學的奧秘	劉欣如編著	150元
㊻紅塵絕唱	海　若著	130元
㊼佛教生活風情	洪丕謨、姜玉珍著	220元
㊽行住坐臥有佛法	劉欣如著	160元
㊾起心動念是佛法	劉欣如著	160元
㊿四字禪語	曹洞宗青年會	200元
(51)妙法蓮華經	劉欣如編著	160元

・經 營 管 理・電腦編號 01

◎創新經營六十六大計（精）	蔡弘文編	780元
①如何獲取生意情報	蘇燕謀譯	110元
②經濟常識問答	蘇燕謀譯	130元
③股票致富68秘訣	簡文祥譯	200元

④台灣商戰風雲錄	陳中雄著	120元
⑤推銷大王秘錄	原一平著	180元
⑥新創意・賺大錢	王家成譯	90元
⑦工廠管理新手法	琪　輝著	120元
⑧奇蹟推銷術	蘇燕謀譯	100元
⑨經營參謀	柯順隆譯	120元
⑩美國實業24小時	柯順隆譯	80元
⑪撼動人心的推銷法	原一平著	150元
⑫高竿經營法	蔡弘文編	120元
⑬如何掌握顧客	柯順隆譯	150元
⑭一等一賺錢策略	蔡弘文編	120元
⑯成功經營妙方	鐘文訓著	120元
⑰一流的管理	蔡弘文編	150元
⑱外國人看中韓經濟	劉華亭譯	150元
⑲企業不良幹部群相	琪輝編著	120元
⑳突破商場人際學	林振輝編著	90元
㉑無中生有術	琪輝編著	140元
㉒如何使女人打開錢包	林振輝編著	100元
㉓操縱上司術	邑井操著	90元
㉔小公司經營策略	王嘉誠著	160元
㉕成功的會議技巧	鐘文訓編譯	100元
㉖新時代老闆學	黃柏松編著	100元
㉗如何創造商場智囊團	林振輝編譯	150元
㉘十分鐘推銷術	林振輝編譯	120元
㉙五分鐘育才	黃柏松編譯	100元
㉚成功商場戰術	陸明編譯	100元
㉛商場談話技巧	劉華亭編譯	120元
㉜企業帝王學	鐘文訓譯	90元
㉝自我經濟學	廖松濤編譯	100元
㉞一流的經營	陶田生編著	120元
㉟女性職員管理術	王昭國編譯	120元
㊱ＩＢＭ的人事管理	鐘文訓編譯	150元
㊲現代電腦常識	王昭國編譯	150元
㊳電腦管理的危機	鐘文訓編譯	120元
㊴如何發揮廣告效果	王昭國編譯	150元
㊵最新管理技巧	王昭國編譯	150元
㊶一流推銷術	廖松濤編譯	150元
㊷包裝與促銷技巧	王昭國編譯	130元
㊸企業王國指揮塔	松下幸之助著	120元
㊹企業精銳兵團	松下幸之助著	120元
㊺企業人事管理	松下幸之助著	100元

㊻華僑經商致富術	廖松濤編譯	130元
㊼豐田式銷售技巧	廖松濤編譯	120元
㊽如何掌握銷售技巧	王昭國編著	130元
㊿洞燭機先的經營	鐘文訓編譯	150元
52新世紀的服務業	鐘文訓編譯	100元
53成功的領導者	廖松濤編譯	120元
54女推銷員成功術	李玉瓊編譯	130元
55ＩＢＭ人才培育術	鐘文訓編譯	100元
56企業人自我突破法	黃琪輝編著	150元
58財富開發術	蔡弘文編著	130元
59成功的店舖設計	鐘文訓編著	150元
61企管回春法	蔡弘文編著	130元
62小企業經營指南	鐘文訓編譯	100元
63商場致勝名言	鐘文訓編譯	150元
64迎接商業新時代	廖松濤編譯	100元
66新手股票投資入門	何朝乾　編	180元
67上揚股與下跌股	何朝乾編譯	180元
68股票速成學	何朝乾編譯	180元
69理財與股票投資策略	黃俊豪編著	180元
70黃金投資策略	黃俊豪編著	180元
71厚黑管理學	廖松濤編譯	180元
72股市致勝格言	呂梅莎編譯	180元
73透視西武集團	林谷燁編譯	150元
76巡迴行銷術	陳蒼杰譯	150元
77推銷的魔術	王嘉誠譯	120元
7860秒指導部屬	周蓮芬編譯	150元
79精銳女推銷員特訓	李玉瓊編譯	130元
80企劃、提案、報告圖表的技巧	鄭　汶　譯	180元
81海外不動產投資	許達守編譯	150元
82八百件的世界策略	李玉瓊譯	150元
83服務業品質管理	吳宜芬譯	180元
84零庫存銷售	黃東謙編譯	150元
85三分鐘推銷管理	劉名揚編譯	150元
86推銷大王奮鬥史	原一平著	150元
87豐田汽車的生產管理	林谷燁編譯	150元

•成功寶庫• 電腦編號 02

①上班族交際術	江森滋著	100元
②拍馬屁訣竅	廖玉山編譯	110元
④聽話的藝術	歐陽輝編譯	110元

⑨求職轉業成功術	陳　義編著	110元
⑩上班族禮儀	廖玉山編著	120元
⑪接近心理學	李玉瓊編著	100元
⑫創造自信的新人生	廖松濤編著	120元
⑭上班族如何出人頭地	廖松濤編著	100元
⑮神奇瞬間瞑想法	廖松濤編譯	100元
⑯人生成功之鑰	楊意苓編著	150元
⑱潛在心理術	多湖輝　著	100元
⑲給企業人的諍言	鐘文訓編著	120元
⑳企業家自律訓練法	陳　義編譯	100元
㉑上班族妖怪學	廖松濤編著	100元
㉒猶太人縱橫世界的奇蹟	孟佑政編著	110元
㉓訪問推銷術	黃静香編著	130元
㉕你是上班族中強者	嚴思圖編著	100元
㉖向失敗挑戰	黃静香編著	100元
㉙機智應對術	李玉瓊編著	130元
㉚成功頓悟100則	蕭京凌編譯	130元
㉛掌握好運100則	蕭京凌編譯	110元
㉜知性幽默	李玉瓊編譯	130元
㉝熟記對方絕招	黃静香編譯	100元
㉞男性成功秘訣	陳蒼杰編譯	130元
㊱業務員成功秘方	李玉瓊編著	120元
㊲察言觀色的技巧	劉華亭編著	130元
㊳一流領導力	施義彥編譯	120元
㊴一流說服力	李玉瓊編著	130元
㊵30秒鐘推銷術	廖松濤編譯	150元
㊶猶太成功商法	周蓮芬編譯	120元
㊷尖端時代行銷策略	陳蒼杰編著	100元
㊸顧客管理學	廖松濤編著	100元
㊹如何使對方說Yes	程　羲編著	150元
㊺如何提高工作效率	劉華亭編著	150元
㊼上班族口才學	楊鴻儒譯	120元
㊽上班族新鮮人須知	程　羲編著	120元
㊾如何左右逢源	程　羲編著	130元
㊿語言的心理戰	多湖輝著	130元
(51)扣人心弦演說術	劉名揚編著	120元
(53)如何增進記憶力、集中力	廖松濤譯	130元
(55)性惡企業管理學	陳蒼杰譯	130元
(56)自我啟發200招	楊鴻儒編著	150元
(57)做個傑出女職員	劉名揚編著	130元
(58)靈活的集團營運術	楊鴻儒編著	120元

⑥⓪個案研究活用法	楊鴻儒編著	130元
⑥①企業教育訓練遊戲	楊鴻儒編著	120元
⑥②管理者的智慧	程　義編譯	130元
⑥③做個佼佼管理者	馬筱莉編譯	130元
⑥④智慧型說話技巧	沈永嘉編譯	130元
⑥⑥活用佛學於經營	松濤弘道著	150元
⑥⑦活用禪學於企業	柯素娥編譯	130元
⑥⑧詭辯的智慧	沈永嘉編譯	150元
⑥⑨幽默詭辯術	廖玉山編譯	150元
⑦⓪拿破崙智慧箴言	柯素娥編譯	130元
⑦①自我培育・超越	蕭京凌編譯	150元
⑦④時間即一切	沈永嘉編譯	130元
⑦⑤自我脫胎換骨	柯素娥譯	150元
⑦⑥贏在起跑點—人才培育鐵則	楊鴻儒編譯	150元
⑦⑦做一枚活棋	李玉瓊編譯	130元
⑦⑧面試成功戰略	柯素娥編譯	130元
⑦⑨自我介紹與社交禮儀	柯素娥編譯	150元
⑧⓪說NO的技巧	廖玉山編譯	130元
⑧①瞬間攻破心防法	廖玉山編譯	120元
⑧②改變一生的名言	李玉瓊編譯	130元
⑧③性格性向創前程	楊鴻儒編譯	130元
⑧④訪問行銷新竅門	廖玉山編譯	150元
⑧⑤無所不達的推銷話術	李玉瓊編譯	150元

・處世智慧・電腦編號 03

①如何改變你自己	陸明編譯	120元
②人性心理陷阱	多湖輝著	90元
④幽默說話術	林振輝編譯	120元
⑤讀書36計	黃柏松編譯	120元
⑥靈感成功術	譚繼山編譯	80元
⑧扭轉一生的五分鐘	黃柏松編譯	100元
⑨知人、知面、知其心	林振輝譯	110元
⑩現代人的詭計	林振輝譯	100元
⑫如何利用你的時間	蘇遠謀譯	80元
⑬口才必勝術	黃柏松編譯	120元
⑭女性的智慧	譚繼山編譯	90元
⑮如何突破孤獨	張文志編譯	80元
⑯人生的體驗	陸明編譯	80元
⑰微笑社交術	張芳明譯	90元
⑱幽默吹牛術	金子登著	90元

⑲攻心說服術	多湖輝著	100元
⑳當機立斷	陸明編譯	70元
㉑勝利者的戰略	宋恩臨編譯	80元
㉒如何交朋友	安紀芳編著	70元
㉓鬥智奇謀（諸葛孔明兵法）	陳炳崑著	70元
㉔慧心良言	亦　奇著	80元
㉕名家慧語	蔡逸鴻主編	90元
㉗稱霸者啟示金言	黃柏松編譯	90元
㉘如何發揮你的潛能	陸明編譯	90元
㉙女人身態語言學	李常傳譯	130元
㉚摸透女人心	張文志譯	90元
㉛現代戀愛秘訣	王家成譯	70元
㉜給女人的悄悄話	妮倩編譯	90元
㉞如何開拓快樂人生	陸明編譯	90元
㉟驚人時間活用法	鐘文訓譯	80元
㊱成功的捷徑	鐘文訓譯	70元
㊲幽默逗笑術	林振輝著	120元
㊳活用血型讀書法	陳炳崑譯	80元
㊴心　燈	葉于模著	100元
㊵當心受騙	林顯茂譯	90元
㊶心・體・命運	蘇燕謀譯	70元
㊷如何使頭腦更敏銳	陸明編譯	70元
㊸宮本武藏五輪書金言錄	宮本武藏著	100元
㊺勇者的智慧	黃柏松編譯	80元
㊼成熟的愛	林振輝譯	120元
㊽現代女性駕馭術	蔡德華著	90元
㊾禁忌遊戲	酒井潔著	90元
52摸透男人心	劉華亭編譯	80元
53如何達成願望	謝世輝著	90元
54創造奇蹟的「想念法」	謝世輝著	90元
55創造成功奇蹟	謝世輝著	90元
56男女幽默趣典	劉華亭譯	90元
57幻想與成功	廖松濤譯	80元
58反派角色的啟示	廖松濤編譯	70元
59現代女性須知	劉華亭編著	75元
61機智說話術	劉華亭編譯	100元
62如何突破內向	姜倩怡編譯	110元
64讀心術入門	王家成編譯	100元
65如何解除內心壓力	林美羽編著	110元
66取信於人的技巧	多湖輝著	110元
67如何培養堅強的自我	林美羽編著	90元

⑱自我能力的開拓	卓一凡編著	110元
⑳縱橫交涉術	嚴思圖編著	90元
㉑如何培養妳的魅力	劉文珊編著	90元
㉒魅力的力量	姜倩怡編著	90元
㉓金錢心理學	多湖輝著	100元
㉔語言的圈套	多湖輝著	110元
㉕個性膽怯者的成功術	廖松濤編譯	100元
㉖人性的光輝	文可式編著	90元
㉘驚人的速讀術	鐘文訓編譯	90元
㉙培養靈敏頭腦秘訣	廖玉山編著	90元
㉚夜晚心理術	鄭秀美編譯	80元
㉛如何做個成熟的女性	李玉瓊編著	80元
㉜現代女性成功術	劉文珊編著	90元
㉝成功說話技巧	梁惠珠編譯	100元
㉞人生的真諦	鐘文訓編譯	100元
㉟妳是人見人愛的女孩	廖松濤編著	120元
㊲指尖・頭腦體操	蕭京凌編譯	90元
㊳電話應對禮儀	蕭京凌編著	120元
㊴自我表現的威力	廖松濤編譯	100元
㊵名人名語啟示錄	喬家楓編著	100元
㊶男與女的哲思	程鐘梅編譯	110元
㊷靈思慧語	牧　風著	110元
㊸心靈夜語	牧　風著	100元
㊹激盪腦力訓練	廖松濤編譯	100元
㊺三分鐘頭腦活性法	廖玉山編譯	110元
㊻星期一的智慧	廖玉山編譯	100元
㊼溝通說服術	賴文琇編譯	100元
㊽超速讀超記憶法	廖松濤編譯	140元

・健康與美容・電腦編號 04

①B型肝炎預防與治療	曾慧琪譯	130元
③媚酒傳（中國王朝秘酒）	陸明主編	120元
④藥酒與健康果菜汁	成玉主編	150元
⑤中國回春健康術	蔡一藩著	100元
⑥奇蹟的斷食療法	蘇燕謀譯	110元
⑧健美食物法	陳炳崑譯	120元
⑨驚異的漢方療法	唐龍編著	90元
⑩不老強精食	唐龍編著	100元
⑪經脈美容法	月乃桂子著	90元
⑫五分鐘跳繩健身法	蘇明達譯	100元

⑬睡眠健康法	王家成譯	80元
⑭你就是名醫	張芳明譯	90元
⑮如何保護你的眼睛	蘇燕謀譯	70元
⑯自我指壓術	今井義睛著	120元
⑰室內身體鍛鍊法	陳炳崑譯	100元
⑲釋迦長壽健康法	譚繼山譯	90元
⑳腳部按摩健康法	譚繼山譯	120元
㉑自律健康法	蘇明達譯	90元
㉓身心保健座右銘	張仁福著	160元
㉔腦中風家庭看護與運動治療	林振輝譯	100元
㉕秘傳醫學人相術	成玉主編	120元
㉖導引術入門(1)治療慢性病	成玉主編	110元
㉗導引術入門(2)健康・美容	成玉主編	110元
㉘導引術入門(3)身心健康法	成玉主編	110元
㉙妙用靈藥・蘆薈	李常傳譯	150元
㉚萬病回春百科	吳通華著	150元
㉛初次懷孕的10個月	成玉編譯	130元
㉜中國秘傳氣功治百病	陳炳崑編譯	130元
㉞仙人成仙術	陸明編譯	100元
㉟仙人長生不老學	陸明編譯	100元
㊱釋迦秘傳米粒刺激法	鐘文訓譯	120元
㊲痔・治療與預防	陸明編譯	130元
㊳自我防身絕技	陳炳崑編譯	120元
㊴運動不足時疲勞消除法	廖松濤譯	110元
㊵三溫暖健康法	鐘文訓編譯	90元
㊷維他命C新效果	鐘文訓譯	90元
㊸維他命與健康	鐘文訓譯	150元
㊺森林浴—綠的健康法	劉華亭編譯	80元
㊼導引術入門(4)酒浴健康法	成玉主編	90元
㊽導引術入門(5)不老回春法	成玉主編	90元
㊾山白竹（劍竹）健康法	鐘文訓譯	90元
㊿解救你的心臟	鐘文訓編譯	100元
51牙齒保健法	廖玉山譯	90元
52超人氣功法	陸明編譯	110元
53超能力秘密開發法	廖松濤譯	80元
54借力的奇蹟(1)	力拔山著	100元
55借力的奇蹟(2)	力拔山著	100元
56五分鐘小睡健康法	呂添發撰	120元
57禿髮、白髮預防與治療	陳炳崑撰	120元
58吃出健康藥膳	劉大器著	100元
59艾草健康法	張汝明編譯	90元

⑥⓪一分鐘健康診斷	蕭京凌編譯	90元
⑥①念術入門	黃靜香編譯	90元
⑥②念術健康法	黃靜香編譯	90元
⑥③健身回春法	梁惠珠編譯	100元
⑥④姿勢養生法	黃秀娟編譯	90元
⑥⑤仙人瞑想法	鐘文訓譯	120元
⑥⑥人蔘的神效	林慶旺譯	100元
⑥⑦奇穴治百病	吳通華著	120元
⑥⑧中國傳統健康法	靳海東著	100元
⑥⑨下半身減肥法	納他夏・史達賓著	110元
⑦⓪使妳的肌膚更亮麗	楊　皓編譯	100元
⑦①酵素健康法	楊　皓編譯	120元
⑦③腰痛預防與治療	五味雅吉著	100元
⑦④如何預防心臟病・腦中風	譚定長等著	100元
⑦⑤少女的生理秘密	蕭京凌譯	120元
⑦⑥頭部按摩與針灸	楊鴻儒譯	100元
⑦⑦雙極療術入門	林聖道著	100元
⑦⑧氣功自療法	梁景蓮著	120元
⑦⑨大蒜健康法	李玉瓊編譯	100元
⑧⓪紅蘿蔔汁斷食療法	李玉瓊譯	120元
⑧①健胸美容秘訣	黃靜香譯	120元
⑧②鍺奇蹟療效	林宏儒譯	120元
⑧③三分鐘健身運動	廖玉山譯	120元
⑧④尿療法的奇蹟	廖玉山譯	120元
⑧⑤神奇的聚積療法	廖玉山譯	120元
⑧⑥預防運動傷害伸展體操	楊鴻儒編譯	120元
⑧⑦糖尿病預防與治療	石莉涓譯	150元
⑧⑧五日就能改變你	柯素娥譯	110元
⑧⑨三分鐘氣功健康法	陳美華譯	120元
⑨⓪痛風劇痛消除法	余昇凌譯	120元
⑨①道家氣功術	早島正雄著	130元
⑨②氣功減肥術	早島正雄著	120元
⑨③超能力氣功法	柯素娥譯	130元
⑨④氣的瞑想法	早島正雄著	120元

•家庭／生活• 電腦編號05

①單身女郎生活經驗談	廖玉山編著	100元
②血型・人際關係	黃靜編著	120元
③血型・妻子	黃靜編著	110元
④血型・丈夫	廖玉山編譯	130元

⑤血型・升學考試	沈永嘉編譯	120元
⑥血型・臉型・愛情	鐘文訓編譯	120元
⑦現代社交須知	廖松濤編譯	100元
⑧簡易家庭按摩	鐘文訓編譯	150元
⑨圖解家庭看護	廖玉山編譯	120元
⑩生男育女隨心所欲	岡正基編著	160元
⑪家庭急救治療法	鐘文訓編著	100元
⑫新孕婦體操	林曉鐘譯	120元
⑬從食物改變個性	廖玉山編譯	100元
⑭藥草的自然療法	東城百合子著	200元
⑮糙米菜食與健康料理	東城百合子著	180元
⑯現代人的婚姻危機	黃　靜編著	90元
⑰親子遊戲　0歲	林慶旺編譯	100元
⑱親子遊戲　1～2歲	林慶旺編譯	110元
⑲親子遊戲　3歲	林慶旺編譯	100元
⑳女性醫學新知	林曉鐘編譯	130元
㉑媽媽與嬰兒	張汝明編譯	180元
㉒生活智慧百科	黃　靜編譯	100元
㉓手相・健康・你	林曉鐘編譯	120元
㉔菜食與健康	張汝明編譯	110元
㉕家庭素食料理	陳東達著	140元
㉖性能力活用秘法	米開・尼里著	150元
㉗兩性之間	林慶旺編譯	120元
㉘性感經穴健康法	蕭京凌編譯	150元
㉙幼兒推拿健康法	蕭京凌編譯	100元
㉚談中國料理	丁秀山編著	100元
㉛舌技入門	增田豐　著	130元
㉜預防癌症的飲食法	黃靜香編譯	150元
㉝性與健康寶典	黃靜香編譯	180元
㉞正確避孕法	蕭京凌編譯	130元
㉟吃的更漂亮美容食譜	楊萬里著	120元
㊱圖解交際舞速成	鐘文訓編譯	150元
㊲觀相導引術	沈永嘉譯	130元
㊳初為人母12個月	陳義譯	130元
㊴圖解麻將入門	顧安行編譯	160元
㊵麻將必勝秘訣	石利夫編譯	130元
㊶女性一生與漢方	蕭京凌編譯	100元
㊷家電的使用與修護	鐘文訓編譯	130元
㊸錯誤的家庭醫療法	鐘文訓編譯	100元
㊹簡易防身術	陳慧珍編譯	130元
㊺茶健康法	鐘文訓編譯	130元

㊻雞尾酒大全	劉雪卿譯	180元
㊼生活的藝術	沈永嘉編著	120元
㊽雜草雜果健康法	沈永嘉編著	120元
㊾如何選擇理想妻子	荒谷慈著	110元
㊿如何選擇理想丈夫	荒谷慈著	110元
51中國食與性的智慧	根本光人著	150元
52開運法話	陳宏男譯	100元
53禪語經典＜上＞	平田精耕著	150元
54禪語經典＜下＞	平田精耕著	150元
55手掌按摩健康法	鐘文訓譯	180元
56脚底按摩健康法	鐘文訓譯	150元
57仙道運氣健身法	高藤聰一郎著	150元
58健心、健體呼吸法	蕭京凌譯	120元
59自彊術入門	蕭京凌譯	120元
60指技入門	增田豐著	130元
61下半身鍛鍊法	增田豐著	180元
62表象式學舞法	黃靜香編譯	180元
63圖解家庭瑜伽	鐘文訓譯	130元
64食物治療寶典	黃靜香編譯	130元
65智障兒保育入門	楊鴻儒譯	130元
66自閉兒童指導入門	楊鴻儒譯	180元
67乳癌發現與治療	黃靜香譯	130元
68盆栽培養與欣賞	廖啟新編譯	150元
69世界手語入門	蕭京凌編譯	180元
70賽馬必勝法	李錦雀編譯	200元
71中藥健康粥	蕭京凌編譯	120元
72健康食品指南	劉文珊編譯	130元
73健康長壽飲食法	鐘文訓編譯	150元
74夜生活規則	增田豐著	120元
75自製家庭食品	鐘文訓編譯	200元
76仙道帝王招財術	廖玉山譯	130元
77「氣」的蓄財術	劉名揚譯	130元
78佛教健康法入門	劉名揚譯	130元
79男女健康醫學	郭汝蘭譯	150元
80成功的果樹培育法	張煌編譯	130元
81實用家庭菜園	孔翔儀編譯	130元
82氣與中國飲食法	柯素娥編譯	130元
83世界生活趣譚	林其英著	160元
84胎教二八〇天	鄭淑美譯	180元
85酒自己動手釀	柯素娥編著	160元
86自己動「手」健康法	手嶋昇著	160元

・命理與預言・電腦編號06

①星座算命術	張文志譯	120元
③圖解命運學	陸明編著	200元
④中國秘傳面相術	陳炳崑編著	110元
⑤輪迴法則（生命轉生的秘密）	五島勉著	80元
⑥命名彙典	水雲居士編著	180元
⑦簡明紫微斗術命運學	唐龍編著	130元
⑧住宅風水吉凶判斷法	琪輝編譯	120元
⑨鬼谷算命秘術	鬼谷子著	150元
⑩中國算命占星學	陸　明著	120元
⑪女性星魂術	岩滿羅門著	200元
⑫簡明四柱推命學	李常傳編譯	150元
⑭十二支命相學	王家成譯	80元
⑮啟示錄中的世界末日	蘇燕謀編譯	80元
⑯簡明易占學	黃小娥著	100元
⑰指紋算命學	邱夢蕾譯	90元
⑱樸克牌占卜入門	王家成譯	100元
⑲Ａ血型與十二生肖	鄒雲英編譯	90元
⑳Ｂ血型與十二生肖	鄒雲英編譯	90元
㉑Ｏ血型與十二生肖	鄒雲英編譯	100元
㉒ＡＢ血型與十二生肖	鄒雲英編譯	90元
㉓筆跡占卜學	周子敬著	120元
㉔神秘消失的人類	林達中譯	80元
㉕世界之謎與怪談	陳炳崑譯	80元
㉖符咒術入門	柳玉山人編	150元
㉗神奇的白符咒	柳玉山人編	160元
㉘神奇的紫符咒	柳玉山人編	120元
㉙秘咒魔法開運術	吳慧鈴編譯	180元
㉚中國式面相學入門	蕭京凌編著	90元
㉛改變命運的手相術	鐘文訓編著	120元
㉜黃帝手相占術	鮑黎明著	130元
㉝惡魔的咒法	杜美芳譯	150元
㉞脚相開運術	王瑞禎譯	130元
㉟面相開運術	許麗玲譯	150元
㊱房屋風水與運勢	邱震睿編譯	160元
㊲商店風水與運勢	邱震睿編譯	130元
㊳諸葛流天文遁甲	巫立華譯	150元
㊴聖帝五龍占術	廖玉山譯	180元
㊵萬能神算	張助馨編著	120元

㊶神祕的前世占卜	劉名揚譯	150元
㊷諸葛流奇門遁甲	巫立華譯	150元
㊸諸葛流四柱推命	巫立華譯	180元
㊹室內裝潢開運法	小林祥晃著	250元

•教養特輯•電腦編號07

①管教子女絕招	多湖輝著	70元
⑤如何教育幼兒	林振輝譯	80元
⑥看圖學英文	陳炳崑編著	90元
⑦關心孩子的眼睛	陸明編	70元
⑧如何生育優秀下一代	邱夢蕾編著	100元
⑨父母如何與子女相處	安紀芳編譯	80元
⑩現代育兒指南	劉華亭編譯	90元
⑫如何培養自立的下一代	黃静香編譯	80元
⑬使用雙手增強腦力	沈永嘉編譯	70元
⑭教養孩子的母親暗示法	多湖輝著	90元
⑮奇蹟教養法	鐘文訓編譯	90元
⑯慈父嚴母的時代	多湖輝著	90元
⑰如何發現問題兒童的才智	林慶旺譯	100元
⑱再見！夜尿症	黃静香編譯	90元
⑲育兒新智慧	黃静編譯	90元
⑳長子培育術	劉華亭編譯	80元
㉑親子運動遊戲	蕭京凌編譯	90元
㉒一分鐘刺激會話法	鐘文訓編著	90元
㉓啟發孩子讀書的興趣	李玉瓊編著	100元
㉔如何使孩子更聰明	黃静編著	100元
㉕３・４歲育兒寶典	黃静香編譯	100元
㉖一對一教育法	林振輝編譯	100元
㉗母親的七大過失	鐘文訓編譯	100元
㉘幼兒才能開發測驗	蕭京凌編譯	100元
㉙教養孩子的智慧之眼	黃静香編譯	100元
㉚如何創造天才兒童	林振輝編譯	90元
㉛如何使孩子數學滿點	林明嬋編著	100元

•消遣特輯•電腦編號08

①小動物飼養秘訣	徐道政譯	120元
②狗的飼養與訓練	張文志譯	130元
③四季釣魚法	釣朋會編	120元
④鴿的飼養與訓練	林振輝譯	120元

大展好書 好書大展

大展好書 好書大展